자녀교육 솔루션

이 소중한 책을

특별히 _____ 님께

드립니다.

자녀교육 솔루션

예수님과 함께하는 좋은 학부모
Good Parents with Jesus

조규철 박사 지음

나침반

프롤로그

"예수님과 함께하는 가정에서는 나쁜 자녀가 나오지 않는다"

가정과 학교 그리고 사회가 건강하게 유지되기 위해서는 관계가 중요하다. 관계가 좋으면 좋은 가정, 좋은 학교, 좋은 사회를 만들어 간다.

건강한 사회는 건강한 가정에서 시작된다. 건강한 가정이란 부모와 자녀가 각자의 책임과 역할을 다 할 때 이뤄지며 바로 그곳이 낙원이다.

하나님이 아담을 만드시고 심히 좋았더라고 말씀하셨다. 그런데 그가 홀로 독처하는 것이 좋지 않아 그를 돕는 배필을 지으셨다. 그리고 그들에게 에덴동산이란 낙원을 주어 그곳에서 살도록 하였다.

그토록 좋은 환경을 만들어 주시면서 하나님은 그들에게 단 한 가지, 동산 중앙에 있는 선과 악을 구별하는 과실은 먹지도 말고 만지지도 말라고 명령하셨다. 그렇지 않으면 죽을 것이라고 했다.

그런데 뱀이 다가와서 하와를 간계로 실과를 따먹으라고 유혹한다. "결코 죽지 않을 것이다. 그것을 먹는 날에는 눈이 밝아 하나님과 같이 될 것이다"(창세기 3:4-5)라고 꾀인 것이다.

여자가 그 나무를 본즉 먹음직도 하고 보암직도 하고 지혜롭게 할 만큼 탐스럽기도 한 나무인지라 그 실과를 따먹고 자기와 함께 한 아담에게도 주매 그도 먹게 되었다(창세기 3:6). 이렇게 하여 죄가 인간에게 들어가 죽을 수밖에 없는 인생이 되었다. 그로 인해 낙원에서 쫓겨나게 된 것이다.

야고보서 1장 15절은 "욕심이 잉태한즉 죄를 낳고 죄가 장성한즉 사망을 낳느니라"라고 말씀한다. 결국 인간의 불순종으로 죄가 들어가 죽을 수밖에 없었다. 하나님은 사랑이시기 때문에 인간의 죄를 용서해 주기 위해 예수님을 이 땅에 보내셨다.

"그런즉 한 범죄로 많은 사람이 정죄에 이른 것 같이 한 의로운 행위로 말미암아 많은 사람이 의롭다 하심을 받아 생명에 이르렀느니라"

(로마서 5:18)

죽음에서 사망 권세를 이기시고 생명으로 이르게 하신 예수님을 믿고 입으로 시인하면 구원을 얻는다고 한다.

건강한 가정이 되려면 죄와 심판에서 구원을 받을 때 가능하다. 구원받고 예수님을 진정으로 믿고 의지하며 살 때 가정이 살아나게 된다.

하나님이 아벨의 예배는 받고 가인의 예배는 받지 않아 결국 가인이 질투로 아벨을 죽이는 상황까지 벌어졌다. 이것의 근본 원인은 하나님의 말씀에 아담과 여자가 순종하지 않았기 때문이다.

이처럼 부모가 하나님 앞에 온전히 말씀에 순종하여 믿음으로 살아가는 것만이 건강한 가정을 세워나가는 길이다.

허물과 죄로 죽었던 우리를 살리신 것을 잊고, 세상의 풍속을 좇고 공중에 권세 잡은 자를 따랐으니 불순종의 아들들 가운데 역사하는 영으로 육체의 욕심 가운데 거하고 육체와 마음이 원하는 것을 하여 본질상 진노의 자식이었지만 긍휼이 풍성하신 하나님이 우리를 사랑하신 큰 사랑을 인하여 은혜로 구원을 입은 자임을 기억하여야 한다(에베소서 2:1-5 참조).

우리가 구원을 입은 것은 행위로 된 것이 아니라 믿음으로 말미암아 얻은 것으로 이것은 전적으로 하나님의 은혜의 선물이라는 사실을 바탕으로 부모는 자녀를 교육해야 한다.

가정교육에서 하나님과의 관계 그리고 부모와 자녀와의 관계에서 문제가 발생하는 것은 부정적인 자아상 때문이다. 다시 말해 부정적인 자아상이 가정의 문제를 야기한다는 뜻이다.

부정적인 자아상은 하나님이 아닌 자신의 생각과 판단에 의지할 때 발생한다. 이는 육신의 생각에 따라 행동하는 것으로 끝없는 욕망에 이끌려 살아가게 한다.

이러한 것들로 인해 행복이 무너지고 가정이 황폐화되는 것을 볼 수 있다. 부모는 자녀를 교육기관으로 보내는 그 순간부터 다른 가정의 자녀와 비교하며 경쟁의 소용돌이 속으로 자녀를 내몰게 된다.

가장 소중한 가정이 교육을 통해 더욱 소망을 갖기보다는 세상 가치의 기준으로 평가되어가고 있어 안타까움을 느끼지 않을 수 없다.

학교에서는 학생들을 지도하는 것이 갈수록 힘들다고 한다. '문제 해결의 열쇠를 어디에서 찾을 수 있을까?'를 고민하게 되었다. 문제의 시작이 어디인지를 알아보다가 가정이라는 것을 발견하게 되었다.

부모는 하나님 앞에서 자신들에게 맡겨진 자녀가 하나님이 보내주신 선물이라는 것을 분명히 알아야 한다. 그런 마음으로 자녀를 대할 때 자녀는 부모를 존경하고 선생님을 존중하며 친구들과 좋은 관계를 맺을 수 있다.

그간 학생들의 문제가 발생할 때마다 학생들을 훈육하였다. 하지만 학생들이 변화되는 것은 쉽지 않다. 문제를 해결하기 위해서는 우선 가정교육이 필요하다. 예수님과 함께하는 가정에서는 나쁜 자녀가 나오지 않는다는 것을 전제로 이 책을 집필하게 되었다.

더 아름다운 세상을 바라며…

조규철

추천서 1

사랑으로 감싸주는 것이 필요합니다.

'줄탁동시(啐啄同時)'라는 말이 있습니다.

병아리가 알을 깨고 나오기 위해서는 새끼와 어미 닭이 서로 같이 쪼아야 한다는 뜻입니다.

새로운 세상에 태어나려는 자는 자신의 세계를 파괴해야 합니다. 그런데 순서가 바뀌면 안 됩니다. 새끼가 신호를 보내지 않았는데 어미가 성급하게 알을 깨뜨리거나 반대로 새끼의 소리를 듣고도 어미 반응이 없어도 안 됩니다. 이렇게 태어난 병아리는 병약하여 오래 살지 못합니다. 여기서 중요한 것은 알 속 병아리가 먼저 신호를 보낸다는 사실입니다. 어미는 조용히 병아리의 신호를 기다린 다음 행동합니다. 알 속 병아리는 학생이고, 어미는 학부모와 교사라고 볼 수 있습니다. 교사와 학부모는 학생의 소리를 먼저 경청하고 문제 해결의 실마리를 찾아나가야 한다는 교훈을 얻습니다.

오늘날 대부분의 학교 문제는 학생들이 원하는 것이 있는데도 학교와 가정에서 반응하지 않거나 반대로 학생이 원하지 않는데도 학교와 가정에서 자기 방식대로 강요하는 데서 발생합니다.

학생이 자기감정을 억누르고 무시당하며 살아가지 않도록 학부모가 먼저 가정에서 사랑으로 감싸주는 것이 필요합니다. 학부모와 교사가 학생을 존중하고 믿음 생활을 통해 소통한다면 자녀와의 신뢰감과 친밀감은 회복될 것입니다.

이 저서에는 학부모가 갖춰야 할 조건과 자세 그리고 자녀를 어떻게 대할 것인가에 대해서 금과옥조와 같은 교훈들로 가득합니다. 특히 학부모와 자녀가 서로 감정 수위를 맞추고 파트너십을 이루며 믿음의 삶을 유지한다면 인성교육은 저절로 이루어질 것입니다.

― 오세열 교수(미드웨스트대학원 교수, 목사, 성심여대 명예교수, 목장드림뉴스 칼럼리스트)

추천서 2

교육의 올바른 지침서

국가의 미래는 다음 세대의 손에 달려 있음에 틀림없습니다.

그런 점에서 자녀교육을 아무리 강조해도 지나치지 않습니다. 그런데 자녀교육에 올바른 지침서를 찾아보기 힘든 시대를 살아가고 있습니다.

자녀교육의 대부분은 인본주의적 관점으로 세상에서 성공과 관련된 것들로 아이들은 부모들이 만들어 놓은 틀 속에 갇혀있게 합니다. 이런 환경 속에서 자란 어린이들이 어떻게 아름다운 세상을 꿈꾸며 살아갈 수 있겠습니까?

부모가 학부모가 될 때 여러 사람들의 조언과 지침서를 참고할 것입니다. 그러나 교육의 올바른 지침서는 하나님의 말씀을 토대가 되어야 합니다.

이번에 조규철 교장이 출간하는 이 책은 진리 되신 말씀을 거울삼아 자녀를 지도할 때, 자녀들이 행복하게 하나님이 주신 목적에 따라 하나님이 찾는 그 한 사람으로 성장할 수 있도록 안내하는 책이 될 수 있기에 적극 추천합니다.

– **김인중 목사**(전 안산동산고등학교 이사장, 안산동산교회 원로목사)

추천서 3

자녀교육의 나침반

조규철 박사님은 그의 혈관에 오로지 교육과 신앙의 뜨거운 피가 흐르는 분입니다. 탁월한 리더십으로 교육의 비전과 혜안으로 안산동산고등학교를 전국 명문의 반열에 오르게 한 분입니다.

이번에 조 박사님의 그간에 쌓아 놓으신 교육 방법과 실제를 부모의 입장에서, 교육자의 안목으로 집대성하여 자녀교육의 로드맵을 제시하셨습니다. 그러면서 시선은 예수님에 맞추어 교육의 이상적 표본인 예수님을 닮은 사람이 되도록 결론을 이끄셨습니다.

조 박사님의 땀과 눈물과 기도의 결정체인 이 저술은 이 시대와 다음 세대를 이끌어 가고 안내할 자녀교육의 나침반이라고 하겠습니다.

– **유화웅 교장**(전 안산동산고등학교·전 예일여고 교장, 전 굿파트너즈 이사장, 예닮글로벌학교 교장)

추천서 4

자녀들이 좋은 인성으로 성장할 수 있도록

　이 책은 기하급수적으로 발전하고 있는 AI시대에 학부모와 자녀가 함께 슬기롭게 솔루션을 찾아가는 등불을 밝히고 있습니다. 좋은 학부모가 되기 위한 조건이 무엇인지를 절실한 심정으로 묻고 가까운 것을 미루어 생각(切問而近思)하면서 교육자의 지혜가 응축된 원리를 설정하고 진솔한 사례를 곁들여 입증하고 있습니다.
　요즘 학습자들은 언제 어디서나 손쉽게 궁금한 지식을 찾을 수 있는 유비쿼터스 환경 속에서 살고 있습니다. 그래서, 자기 주도적 학습 능력이 무엇보다 중요하다 할 수 있습니다. 이 책을 읽으면서 학부모는 자녀가 무엇이 부족하고 무엇을 더 학습해야 하는 지를 자기 주도적으로 성찰하고 주어진 문제를 창의적으로 해결할 수 있도록 메타인지 능력을 함양할 필요가 있음을 절실하게 느끼게 됩니다.

　이 책에서는 학부모들이 자녀와 파트너십을 만들어 자녀들이 좋은 인성으로 성장할 수 있도록 하고 있습니다. 더욱이, 자녀들이 생각의 힘을 길러 미래의 지도자로 창의적으로 살아갈 수 있도록 자녀의 교육을 어떻게 설계하고 구현할 수 있는지에 대한 솔루션을 명쾌하게 제시해 주는 훌륭한 책이 될 것입니다.

　- 김진석 교수(서울교육대학교)

추천서 5

기독교 교육적 양육에 대한 소망

　엿듣고 싶어서가 아니라 듣지 않을 수 없는 부모의 절규가 새벽 기도시간에 종종 울려 퍼집니다. 극심한 사춘기 자녀의 부모뿐 아니라, 성장 독립했지만 믿음의 세계로 돌아오지 아니하는 자식을 위한 기도 소리입니다. "눈물로 기도하는 자의 자녀는 결코 망하는 법이 없다"라는 암브로시우스 교부의 격려가 이루어지길 더불어 기도하며 기독교 교육의 책임을 스스로 지우곤 합니다.
　이와 관련해 부모 교육 도서를 추천하게 되어 영광입니다.
　조규철 교장선생님께서 그간의 화려한 교육적 경력을 뿌리로 기독교 대안 교육 현장에서 꽃을 피우고 계심은 같은 사역자에게 큰 힘이요 기쁨입니다.

　전문직 분야에 10년을 지내면 책 한 권 내는 것이 다음 사람을 위한 예의라는 말을 들은 적이 있습니다. 하물며 평생을 교육계에 헌신하고 계시니 흔적을 남기는 것은 후세인이 받아야 할 마땅한 선물이 아닐까요? 처음으로 자녀를 양육하며 좋은 부모됨을 소망하는 예비 부모뿐 아니라 기독교 교육적 양육에 대한 소망을 품고 고민하며 인내하는 부모님에게 네비게이션 역할을 하리라 확신합니다. 생생한 현장 경험담은 책 읽는 즐거움과 공감을 일으키는 팁입니다.

　― **이혁재 교장**(은혜의동산기독교학교, 기독교대안학교연맹 이사장)

목차

프롤로그 "예수님과 함께하는 가정에서는 나쁜 자녀가 나오지 않는다"... 5
추천서 오세열 교수/김인중 목사/유화웅 교장/김진석 교수/이혁재 교장 ... 9

제1장 좋은 학부모가 갖춰야 할 조건

1. 내가 부모다 ... 19
2. 과정을 소중히 생각하자 ... 29
3. 내가 바로 교사다 ... 41
4. 완벽한 부모는 없지만 좋은 학부모는 될 수 있다 ... 47
5. 아는 것만큼 보인다 ... 55
6. 생각을 디자인하자 ... 65
7. 삶으로 보여줘라 ... 79

제2장 사랑하는 자녀를 대하는 자세

1. 비교하지 말자 ... 95
2. 긍정의 언어를 사용하자 ... 101
3. 믿음의 눈으로 바라보자 ... 111
4. 감사한 생활을 하자 ... 119
5. 칭찬과 격려를 하자 ... 129
6. 인내하며 기다리자 ... 139
7. 있는 그대로 사랑하자 ... 149
8. 자녀의 눈높이에 맞춰라 ... 159

제3장 학부모 역할과 자녀교육의 목적

1. 자기주도적인 삶을 살도록 해라 ... 173
2. 가정과 학교의 파트너십으로 역할을 하자 ... 191
3. 좋은 학부모가 되기 위한 조건 ... 199
4. 자녀교육의 목적을 알아야 한다 ... 209
5. 학부모의 자녀교육에 대한 분석 ... 217

에필로그 "자녀가 하나님 나라를 세워갈 수 있는 영적 리더로 성장하길 바라며…"... 229

1

좋은 학부모가 갖춰야 할 조건

내가 부모다

창세기 5장 1절과 2절은 "아담 자손의 계보가 이러하니라 하나님이 사람을 창조하실 때에 하나님의 형상대로 지으시되 남자와 여자를 창조하셨고 그들이 창조되던 날에 하나님이 그들에게 복을 주시고 그들의 이름을 사람이라 일컬으셨더라"라고 말씀한다.

하나님이 사람을 창조하셨다는 말은 '최초의 가정의 부모는 하나님'이라는 사실, 그리고 우리를 하나님의 형상대로 보내셨다는 말은 '인간은 하나님의 유전자를 지닌 자'라는 뜻이다. 하나님은 인간을 만드시고 심히 기뻐하셨기에 살기에 가장 좋은 에덴동산을 만들어 살게 하셨다.

부모는 하나님을 대신하여 자녀를 신앙으로 양육할 책임을 맡은 자이며, 자녀를 위해 기도하고 축복할 수 있는 영적 권위를 부여받은 자라고 성경에서는 정의하고 있다. 따라서 부모의 제일 되는 책임은 자녀에게 믿음의 본을 보이고, 하나님의 말씀을 가르쳐 지키게 하는 일이라고 신명기 6장 6절과 7절에서 말씀한다. 또한 부모는 자녀를 보호하고, 자녀의 영혼을 위해 기도하며, 잘못을 교정해 주고, 때로는 징계도 주저하지 말아야 한다.

사람이 자녀를 낳아 부모가 되면 그 자녀를 자신의 몸보다 사랑하고 아끼며 아버지가 갖는 부성애와 어머니가 갖는 모성애로 자녀를 양육하게 된다. 이처럼 거룩하고 무조건적인 부모의 아가페적 사랑은 너무도 아름답지만 어떻게 행사하느냐에 따라서 자녀가 올바르게 자랄 수도 있고 때로는 독이 될 수도 있다.

먹고살기 힘든 시절을 살았던 부모들은 큰 욕심 없이 자녀를 양육했다. 다들 어려운 형편이었기에 "더 잘해줄 걸"이라는 아쉬움도 남았지만, 자녀가 있다는 것 자체에 행복을 느꼈다. 영어 속담에 '아무리 초라하더라도 가정과 같은 곳은 없다.(However humble, there is no place like home)'라는 표현이 있는 것처럼 가정은 사랑과 안식의 장소이다. 지쳐 힘들어도 가족을 만나면 힘이 되고 위로가 되었던 곳이다.

그러나 과거에 비해 경제적으로 풍요롭고 아쉬움이 없는 시대에 사는 현대인은 욕망이 욕심을 낳고 남과 비교하며 경쟁에서 이겨야 한다는 심리적 강박관념에 쫓기며 살아가고 있다. 마치 동물의 세계에서 볼 수 있는 적자생존(適者生存)과도 같다는 느낌을 받는다. 이러한 상태에서는 하나님은 없고 자아만 자라게 되어 내면적인 욕구를 채우기 위해 하나님과 동떨어진 생활을 하고 결국 가장 소중한 가정이 제구실을 하지 못하는 실정에 도달하고 만다.

자녀를 학교에 보내면서 부모는 학부모가 된다.
얼핏 보면 부모와 학부모, 둘 다 같은 말 같지만 위치가 바뀌면 사람도 바뀐다. '완장만 차면 사람이 바뀐다'라는 말이 있듯이, 자녀를 교육공동체에 보내는 순간 부모는 확 달라지는 것을 볼 수 있다.

인문계 고등학교에서 다년간 진학을 지도했던 경험이 있다. 그동안 수많은 유형의 학부모를 만났다. 학교에는 학교의 학생지도 목표와 방향이 있다. 학부모 설명회가 있을 때 이러한 것들을 알리고 협조를 부탁한다.
대부분의 학부모는 학교의 방침을 존중해 준다.
그렇지만 이면에는 자신의 자녀가 학교에서 더 큰 관심과 사랑을 받기를 바라는 마음이 항상 자리 잡고 있다. 내 자녀에 대한 소중함이 지나쳐 자신의 자녀가 다른 학생으로 인해 피해를 받고 있다고 하소연하기도 하고, 선생님에 대한 불평과 심지어 담임선생님을 교체해달라고 끈질기게 요구하는 학부모도 있다.

반면 학생이 학교생활에 심각한 어려움을 겪는 경우가 있는데, 이들 대다수는 가정에서부터 비롯된다. 부부간의 갈등, 결손 가정 또한 가정폭력을 겪으며 사춘기를 보내는 학생들도 있다. 이런 환경에 노출된 학생들은 우울증이나 강박증 등으로 어려움을 겪는 경우가 많다. 또한 자녀의 학업에 대한 학부모의 심한 간섭과 위협적인 언어 사용 등으로 인해 학교 폭력이나 비행 청소년으로 전락하는 학생들도 있다.

가정환경이 아이들에게 얼마나 큰 영향을 미치는지 학생과 학부모 상담을 통해 발견하게 된다. 자녀들의 불안과 강박증에 원인 제공을 한 학부모들은 다른 방법으로 문제를 해결하려고 해서는 안 된다. 문제를 제공한 학부모 스스로가 심각성을 느끼고, 문제의 발단이 된 부분부터 용서를 구하고, 회개하는 마음으로 자녀에게 다가가야 문제가 해결될 수 있다.

자녀교육을 하는데 미숙하다 보니 시행착오를 겪는 부모도 많을 것이다. 나 역시 두 명의 자녀가 있는데 자녀들에게 화를 내고 함부로 말했던 적이 있었다. 그런 나 자신을 뒤돌아보는 시간이 있었다. 바로 「두란노 아버지 학교」에서 과제 중 하나인 자녀에게 편지를 쓰고 자녀에게 잘못했던 부분에 대해 용서를 구하는 것이었다.

그 이전에는 자녀에게 편지를 쓴 적이 없던 터라 막상 편지를 쓰려니 묘한 느낌이 들었다. 자녀와 함께 했던 시간들을 되돌아보니 아버지 역할을 제대로 못 했던 것들이 하나씩 떠올랐다. 이런 시간을 통해 아버지 학교에 등록해 준 아내에게 감사한 마음을 간직하며 편지를 써 내려갔다.

편지를 다 쓴 후 아들에게 식사를 하자고 제안해서 함께 저녁을 먹고 둘만의 시간을 가졌다. 아들은 갑작스러운 나의 모습에 어색해했고, 나 역시 그랬다. 편지를 읽어주고 아들에게 아빠로 인해 무서웠던 것이나 서운한 점이 있으면 말하라고 했다. 아들은 아빠가 다 자기를 위해 해주신 것을 안다며 "서운한 것 없어요"라고 말했다.

조금 시간이 지나자 아들은 용기를 내어 마음속에 담아두었던 억울했던 것과 무섭고 힘들었던 부분들을 털어놓았다. 나는 아들에게 용서를 구하고, 회개하며 기도했다. 그 후 나는 아들의 마음을 이해하려고 노력했고, 아들이 성장하면서 우리 부자의 관계는 더욱 친밀해졌다.

언젠가 고3 여학생이 아버지와 함께 휴학을 하겠다고 찾아왔다. 학생을 교실로 보내고 학생의 아버지와 잠시 대화를 나누었다.

"고3인데 왜 이 시점에서 휴학을 시키려고 하는지요?"라고 질문하자 아버지는 『아이가 좀 쉬고 싶다고 해서 그렇게 결정했습니다』라고 답변했다.

아이가 뭐가 그렇게 힘든지 가정에서 문제는 없는지 궁금했다. "보통 이런 문제가 있을 때 어머니가 학교에 오시는데, 어머니는 바쁘신 모양이지요"라는 등의 대화를 나눴다.

가정에서 이 학생이 문제가 없는지 질문을 드렸을 때, 아버지가 눈을 감고 한참 있다가 가정사에 대해서 말을 꺼냈다. 사실 재혼 가정이었고, 재혼할 때 아내가 데려온 자녀들이 있었고, 자신도 딸을 둔 상태에서 재혼을 했다고 했다.

아이들이 자라면서 아내가 데려온 딸한테는 부부가 모두 관심을 갖고 챙겨줬지만, 자신의 친딸한테는 그렇지 못했다고 했다. 그럼에도 그동안 딸이 별 탈 없이 이해하며 묵묵히 따라와 줘서 고마웠는데, 고3이 되고는 "학교를 쉬고 싶다"라고 말해 아빠로서 할 말이 없었다고 했다.

이 학생처럼 복잡한 가정환경에 놓여 있는 학생들은 사춘기를 지나면서 우울증과 같은 정신적인 문제뿐만 아니라 학교폭력 등 다양한 형태로 문제를 드러내게 된다.

건강한 가정에서 자랐지만, 잠시 일탈한 학생도 있었다. 이 학생의 경우는 학부모가 이해하며 기회를 주셨기에 큰 상처 없이 학교생활을 잘 마칠 수 있었다. 이 학생의 학부모는 학생을 믿었기에 행동을 탓하기보다 학생의 마음을 이해해 주려고 노력했다. 그런 모습을 보면서 학교에서 교사들도 부모의 마음으로 학생들을 지도해야 한다고 생각했다. 건강한 가정, 특히 기도로 자녀를 양육하는 가정의 부모야말로 진정으로 좋은 학부모가 되는 것이다.

 아들이 어머니를 살해한 기사를 본 적이 있다.
 부부간의 갈등으로 아버지가 가출해 어머니가 홀로 자녀를 양육한 가정이었다. 남편에 대한 미움과 분노는 아들을 잘 공부시켜 보상을 받겠다는 심리가 되었는데 그 의도가 도를 넘어서 아들을 한자리에서 16시간 이상 공부하도록 강요하곤 했다는 것이다.
 아들은 초등학교 6학년 때 토익 900점을 받았고, 중학교 때도 성적이 우수한 학생이었다. 고등학생이 되어 어머니가 기대하는 점수를 받지 못하자, 아들은 성적을 위조해 어머니에게 성적표를 보여주곤 했다. 어머니는 아들이 서울대에 들어가야 한다며 올백을 강요했고, 원하는 성적이 나오지 않으면 저녁을 굶기며 잠을 재우지 않았고, 심지어 야구방망이나 홍두깨로 폭행을 가하곤 했다.

 학부모 상담이 잡혀 있던 전날 밤에 아들은 그동안 어머니께 위조한 성적이 들통이 날까 봐 걱정이 되었다. 그런데 어머니는 그날도 어김없이 아들을 잠재우지 않고 공부를 강요했다. 어머니의 지나친 집착에 괴로워하던 아들이 결국 어머니를 살해하는 비극을 초래했다.
 이 학생은 친구들에게 보낸 편지에서 부모와 학부모의 차이를 다음과 같이 적었다.

「부모는 멀리 보라고 하지만
학부모는 앞만 보라고 한다.
부모는 함께 가라고 하지만
학부모는 앞서서 가라고 한다.
부모는 꿈을 꾸라고 하지만
학부모는 꿈꿀 시간을 주지 않는다.」

부모가 된다는 것은 하나님이 선물로 보내주신 자녀를 하나님이 보내주신 목적에 맞게, 환경과 능력에 따라 분수에 지나치지 않게, 사랑으로 양육해야 한다는 것이다. 결국 자녀는 언젠가 부모의 품을 떠나 각자의 삶을 찾아간다. 가정은 가장 기초적인 교육의 장이란 것을 잊어서는 안 된다.

한 생명이 태어나 자라서 스스로 활동하고 의사를 표현할 수 있도록 하는 데는 고단함과 수고를 마다하지 않은 어머니의 손길이 있었기 때문이다. 자녀를 사랑하는 마음으로 수고를 아끼지 않은 어머니는 자신의 손길이 닿을 때마다 자녀와 눈을 맞추었을 것이다.

하나님의 선물인 자녀를 감사로 느끼며 세상의 어느 보물보다 더 큰 기쁨을 느꼈을 것이다. 그런 자녀가 자라면서 어머니의 품속에 있던 환경과는 달리 어머니의 잔소리에 노출되게 되고 때로는 지나친 억압 속에서 정서적으로 심한 불안과 강박증을 느끼며 살아가게 된다.

이러한 상황을 가정의 문제로만 치부하기에는 곤란한 점이 있다. 경쟁 사회에서 살아가는 자녀가 사회에서 살아남을 수 있도록 자녀를 돕기 위한 것이라고 부모는 항변할 수 있다. 하지만 시대가 변하고 있고 각자 감당해야 할 몫이 있다. 그것이 바로 하나님이 사람을 이 세상에 보내신 목적이다.

사람이 목표를 세워 실천할 수 있지만, 사람의 계획이 그대로 이뤄지는 것은 아니다. 하나님은 인간을 완벽하게 창조하시고 지켜 보호하고 계시지만 말씀에 순종하지 않고 안목의 정욕과 이생의 자랑과 육신의 정욕에 빠지면 죄가 들어오게 된다.

아담이 불순종으로 죄를 범했고 그로 인해 죄에 대한 대가를 치를 수밖에 없게 되었다. 그러나 하나님은 인간을 영원히 죄인의 상태로 내버려두지 않으시고, 예수님을 이 땅에 보내주셔서 십자가 사건을 통해 구원을 이루게 하셨다.
이러한 사실을 믿고 의지할 때 진정한 부모로서의 역할을 할 수 있고, 학부모가 되어서도 성경 말씀을 기반으로 자녀를 돌볼 수 있는 것이다.
부모가 어느 순간에 학부모라는 위치에 있더라도 부모 본래의 마음을 그대로 유지하여 자녀가 가정에서 맘껏 쉴 수 있고 안식을 누릴 수 있도록 '내가 부모다'라는 사실을 늘 잊어서는 안 된다.

과정을 소중히 생각하자

자녀의 교육을 생각할 때는 신사임당을 떠올리지 않을 수 없다. 그녀는 성리학적 소양을 갖추었고 그림, 서예, 시에 탁월하였을 뿐 아니라 십자수와 옷감 제작에도 능하였다고 한다. 슬하에 자녀 8명을 두었는데 자녀들을 직접 교육한 어머니이자 스승이었다.

이는 가정이 학교이며 부모가 첫 번째 스승임을 보여준다. 이이(李珥)와 같이 훌륭한 자녀가 나올 수 있었던 것은 생전에 삶을 통해 보여주었고, 자녀들을 살뜰하게 보살폈기 때문이다.

세상을 살아가는 사람들이 가장 관심 있는 것은 누가 무엇이 되었는지, 또는 어떻게 부자가 되었고 출세했는지 등의 결과이다. 그래서 우리는 뉴스를 보더라도 내용을 다 읽는 것보다 헤드라인이나 제목만 본 후 결론을 유추하며 각자 스스로 판단하는 데 익숙해 있다.

그런데 제목과 기사의 내용은 보는 시각에 따라 전혀 다른 경우가 너무 많다. 기사에 대한 판단은 내용을 모두 읽은 독자가 해야 하지만 기사에 이미 결론이 나있기에 독자의 주관적인 생각은 기사에 가미되지 않는 경우가 많다. 오히려 결론이나 제목 없이 내용만 본다면 기사를 접한 독자의 느낌이 사뭇 다르게 나타날 것이다.

예술 작품이나 문학 작품 또는 여행을 통해 비슷한 경험을 할 수도 있다. 피카소의 그림을 예를 들어본다면 그의 작품에 대해 사전 지식이 있는 사람은 그 지식을 염두에 두고 직접 눈앞의 그림을 보기에 그림에 대한 이해가 쉽고 빠르다. 그런데 그 작품에 대해 전혀 아는 바가 없는 사람이 작품을 감상한다면 아마도 두 가지 반응이 나타날 것이다.

먼저, 이런 그림이 왜 유명한지 모르겠다며 관심 없이 지나칠 것이다. 그러나 예술에 대한 조예가 깊은 사람이라면 그의 미술 작품 곳곳을 면밀하게 관찰하며 작품의 시대적 배경과 그의 작품성을 살펴보고 자신만의 상상의 세계를 마음껏 펼칠 수 있을 것이다. 나중에 작품에 대해 자세히 알게 되면, 사전에 작품에 대해 알고 있던 사람보다 더 많은 것을 상상할 수 있을 것이며 알아 가는 기쁨과 감상 그 자체를 즐길 줄 아는 힘이 생기게 될 것이다.

영화나 드라마 또는 각종 스포츠도 줄거리나 결과를 미리 알면 큰 감동이나 기쁨 없이 시청하게 된다. 그러나 아무것도 모르는 상황에서는 앞으로 어떻게 진행될 것인지 상상하며 자신의 감정이 개입된다. 때로는 통쾌하기도 하고 때로는 좌절하며 받아들이지 못할 정도로 화가 날 수도 있다.

책을 소재로 다룬 영화들이 많다.

그런데 책을 보지 않은 상태에서 영화를 보면 영화가 끝날 때까지 사건이 어떻게 전개될지 궁금하게 된다. 재미와 교훈을 주는 내용도 있고 때로는 지루하고 무슨 내용인지 이해가 되지 않는 경우도 있다. 그런데 영화를 다룬 책을 발견해 읽게 되면 영화에서 보았던 영상이나 대화의 장면이 연상되어 오랫동안 기억에 남게 된다.

현재 근무하는 학교에서 고난 주간의 점심시간에 학생들에게 「예수가 역사다」라는 영화를 보여준 적이 있다. 학생들은 결론에 이르기 전까지 영화가 주고자 했던 내용이 무엇일까 궁금해 하며 끝까지 진지하게 관람했다. 나중에 학생들에게 「예수가 역사다」라는 책을 읽어 보라고 했더니 이미 내용을 알고 있어서 읽는 속도가 빨랐고 영화를 볼 때 잘 이해하지 못했던 부분을 알게 되었다는 반응을 보였다. 물론 내용을 알고 있기 때문에 대충 읽은 학생들도 있었다.

나는 학창 시절에 미국 권투선수 무하마드 알리(Muhammad Ali)와 일본 레슬링 선수 안토니오 이노키(Antonio Inoki)가 대결하는 경기를 본 적이 있다.

경기가 있기 몇 주 전부터 세기의 대결이라는 광고로 온 세계가 술렁였다. 과연 권투선수가 이길지, 레슬링 선수가 이길지 관심이 고조됐었다.

권투선수가 이길 것으로 예상했던 사람들은 통쾌하게 이노키 선수가 쓰러지는 것을 상상했을 것이고, 레슬링 선수가 이길 것을 기대했던 사람들은 아무리 무서운 펀치라도 한번 붙잡히면 모든 게 끝장난다며 알리는 이노키의 상대가 안 된다고 생각했을 것이다.

경기의 결과를 알지 못하는 상태였기에 누구든지 그 경기의 결과에 관심이 많았다. 결과는 무승부로 아주 허망했다. 그래도 그 과정을 마음 졸이며 기대하고 마칠 때까지 숨죽여 봤던 기억이 난다. 결과보다 과정을 보며 그 과정을 상상하는 것이 얼마나 소중한 가치가 있는 것인가를 발견한 순간이었다.

전 세계를 강타하고 있는 K-Pop을 예로 들어보자.

차트 순위가 어떻게 나왔는지 결과를 알게 될 때는 순간적으로 감동만 줄 뿐이다. 하지만 기대감을 갖고 결과를 기다리다가 자신이 좋아하는 가수가 소속된 팀의 순위가 발표되는 순간 느끼는 희열은 아마도 오랫동안 마음에 남을 것이다.

2016년 대한민국의 천재 바둑 기사 이세돌과 구글 딥마인드의 인공지능(AI, Artificial Intelligence) '알파고'의 대결이 있었다. 경기가 있기 전, 누가 이길 것인지 설왕설래하였다. 바둑은 인간만의 영역이라고 생각하며 이세돌의 승리를 예견한 사람들이 다수였지만, AI는 그동안의 대국들을 통해 엄청난 자료가 축적되어 있기 때문에 실수를 하지 않아 알파고가 승리할 것으로 여기는 사람도 많았다.

해설을 하는 바둑 기사들도 자신들이 생각했던 것과 달리 허점을 보인 AI가 실책 했다고 설명했지만, 결국은 이세돌이 지고 말았다. 그럼에도 이세돌이 다섯 번의 대국에서 한 번 승리를 거두어 인간의 자존심을 지켰다며 그나마 안도했던 것이 기억난다. 4:1이라는 결과보다 대국이 진행되는 과정이 얼마나 더 소중한가를 알 수 있는 사건이었다.

자녀가 학교에 다닐 때 학부모가 기대하는 것은 무엇인가? 하버드대학교 하워드 가드너(Howard Gardener) 교수의 다중인지 이론에 의하면 인간은 IQ와 EQ를 아우르는 다양한 지능을 가지고 있어 그 지능을 계발하고 발전시켜 나가야 한다. 인간의 지능은 한 가지 방향으로 평가할 수 없다는 것이 많은 학자들의 호응을 얻고 있다.

우리는 자녀들을 어떤 기준으로 평가하고 있는지 살펴볼 필요가 있다. 현실은 학교 성적에 따라서만 평가받고 있다. 성적으로 인해 치열한 경쟁 구도 속에서 살고 있는 자녀들을 생각해 보자. 성적에 따라 자녀들을 차등하며 대하고 있지는 않은지 되돌아봐야 한다.

나 역시 학생들을 대할 때 편견이 없지 않았음을 고백한다. 하지만 세월이 지나고 났을 때 참 제자는 성적과는 아무 상관이 없으며, 성적이 인생의 전부가 아님을 발견하게 된다.

가정에서도 마찬가지다.

공부를 잘하는 자녀가 반드시 만족스럽고 행복하게 살아가는 것이 아니라 어떤 관점으로 세상을 바라보느냐에 따라 느끼는 행복은 다르다.

성적이 부진하거나 학업에 흥미를 느끼지 못하는 자녀를 둔 학부모가 자녀와 마주 앉아 있을 때 어떤 대화를 나누는지 생각해 보자.

"왜, 너는 그렇게 공부를 못하니?"
"넌 누굴 닮았니?"
"공부하기가 그렇게 싫으면 차라리 그만둬."
"공부해야 훌륭한 사람이 되는데 뭐가 되려고 그러는지 모르겠다."
"네가 잘하는 것이 뭐가 있냐?"

부모는 자녀가 정신을 차리라는 의도에서 이와 같은 표현을 했을 것이다. 그러나 이러한 표현은 동기유발이나 지적 자극이 아닌 부정적인 언어로 자녀에게는 부모가 자신을 소중하게 여기지 않는다는 생각이 들게 할 뿐이다.

학생들을 만나 지도하면서 느끼는 것이 있다.

섣부르게 학생을 판단하지 말라는 것이다. 각자에게 주신 은사가 무엇인지 찾아내고 안내하는 것이야말로 교사로서 최고의 덕목이다.

이전에 근무하던 학교에서는 점심시간에 운동장에서 축구하는 학생들의 모습을 종종 볼 수 있었다. 그런데 어느 날 축구하는 학생들 중에서 유난히 눈에 띄는 학생이 있었다. 자신의 욕심보다 팀을 잘 리드하고 조율하는 모습이 눈에 띄었다.

경기를 마친 후 학생을 불러서 장래에 어떤 일을 하고 싶은지 물었다. 학생은 "아직 잘 모르겠어요"라고 말했다. 나는 학생에게 『너는 리더십이 뛰어나므로 사관학교에 진학하면 좋겠다』라고 말했고 학생은 "네, 감사합니다"라며 운동장을 떠났다.

며칠이 지난 후 축구 경기가 끝난 상태에서 그 학생을 만나 똑같은 조언을 했다. 학생은 잠시 머뭇거리더니 용기를 내어 "저 공부 잘 못해요"라며 머쓱해 했다. 나는 『그래도 할 수 있으니 용기를 내!』라고 말했다.

이후 그 학생에게는 목표가 생겼고 마침내 육군사관학교에 입학하였다. 그 학생은 임관을 앞두고 모교의 졸업식에 육사 후배 생도들과 함께 방문하여 교장실에서 담소를 나누었다.

함께 모교에 동행했던 후배 생도들에『선배가 있어 든든하죠?』라고 물었더니 후배 생도들이 일제히 "아주 자랑스러운 선배님이세요. 저희를 잘 챙겨주시고 저희들에게 많은 힘이 됩니다"라고 대답했다.

그 졸업생은 우등생으로 임관했다고 한다.

이 학생을 떠올리면 말의 힘이 얼마나 큰지를 생각하지 않을 수 없다. 이 글을 쓰면서 그 학생의 카톡을 찾아서 들여다보니, 김백일 장군상 앞에서 동료 장교들과 찍은 사진이 보인다.

이외에도 학창 시절에 두각을 드러내지 못한 학생 중에서 졸업 후에 꿈을 현실로 이뤄낸 경우도 있고, 학교에서 교육한 그대로를 실천하며 살아가는 졸업생도 있다. 우리는 사회 곳곳에서 그들을 만날 수 있다.

자율학습 시간이면 공부가 잘되지 않는다며 복도를 돌아다니다가 상담을 받고 싶다며 자신의 답답한 심경을 토로하는 학생도 있었고, 공부는 열심히 하는데 방법이 서투른 학생과 기초가 없어 공부를 해도 성과가 없다며 찾아와 상담을 한 학생도 있었다.

이중 어떤 학생은 지방 대학에 입학을 해 수석을 차지하고 자신감을 얻어 수도권 대학으로 편입하기도 했고, 어떤 학생은 기초학력을 보충하여 괄목상대할 만한 높은 수능 점수를 받아 서울의 중상위권 대학에 진학하기도 했다.

학창 시절에 장학금을 받았던 학생이 졸업 후 의사가 되어 받은 첫 월급을 장학금으로 기탁하려고 학교를 찾아오기도 했고, 은행원이 되어 기숙사 후배들을 위해 써 달라며 그동안 들었던 적금을 찾아 학교를 방문했던 졸업생, 콩쿠르에서 입상한 상금을 장학금으로 보낸 졸업생도 있었다.

이들은 학교에서 '섬기고 나누고 베풀며 미래의 변화를 선도하는 실력 있는 신앙인'이라는 학생상을 잘 실천한 학생들이다. 힘들고 어렵더라도 과정을 통해 서로 힘이 되어 상생하는 것을 체득해 실천한 학생들의 사례들이다. 이 모든 게 과정을 통해 아름다운 모습을 이룬 것들이다. 이것을 생각하며 감사하지 않을 수 없었고 큰 보람을 느끼곤 했다.

우리와 자녀들이 보내는 과정은 한 편의 드라마와 같다. 아무도 이후의 삶을 예단하기는 쉽지 않다. 하지만 하나님이 각자에게 주신 은사를 어떻게 계발하고 사용하느냐에 따라 행복지수는 달라질 것이다.

자녀가 유아 시절을 거쳐 초·중·고·대학을 졸업한 후 사회에 진출할 때까지 아름답고 기대되는 멋진 드라마와 같은 인생이 펼쳐질 수 있도록 기도하며 용기와 희망을 주는 학부모가 되어야 한다.

드라마의 주인공은 자녀가 될 것이고, 학부모와 교사는 조력자 또는 안내자가 되는 것이다. 어느 작품이든지 주연이 조명을 받지만 주연을 도와주는 조연과 작품의 완성을 위해 수고하는 숨은 손길들이 있다는 것을 기억하자.

우리는 노아의 방주를 기억하고 그가 하나님의 말씀에 순종하여 복을 받은 의인이었음을 알고 있다. 그러나 좀 더 생각해 보자. 방주에는 노아의 아내와 세 자녀의 부부가 함께 들어갔다.

노아가 방주를 만들겠다고 했을 때 가족들이 동의하고 함께 조력하였기에 방주의 탄생이 가능했던 것이다. 노아는 주연으로 스포트라이트를 받았지만, 그의 가족들은 드러나지 않게 빛도 없이 묵묵히 방주가 건조될 수 있도록 평생을 희생하며 노아를 도왔다. 그로 말미암아 하나님이 홍수로 인류를 심판하셨지만, 노아의 가족들을 남겨 놓으셨음을 볼 수 있다.

이스라엘 민족의 지도자 모세를 살펴보자.
출애굽기 1장 7절(현대인의 성경)은 "그들의 후손인 이스라엘 자손들은 많은 자녀를 낳고 크게 번성하여 고센 땅을 가득 메울 만큼 막강하였다"라고 한다.
'이집트의 요셉'에 대해 알지 못하는 새로운 왕 파라오는 이스라엘 자손이 보다 강하고 수가 많아지는 것이 두려웠다. 급기야 태어나는 모든 이스라엘 남자아이들을 나일강에 던져 죽이도록 했다. 그런데 레위 지파의 한 가정에서는 갈대 상자를 만들고 역청과 나무진을 칠하여 집에서 키우다가 석 달이 지난 남자아이를 그 상자 안에 담아 강물에 띄워 보냈다. 마침 바로의 딸이 목욕하러 왔다가 갈대 상자를 발견하여 아이를 건져 냈다. 이 아이가 바로 모세이며, 모세라는 이름은 '물에서 건져냈다'는 뜻이다.

여기서 모세의 어머니의 훌륭한 양육을 살펴볼 필요가 있다.

- 모세가 하나님 보시기에 아름다웠다.

영적인 아름다움을 발견하였다는 뜻이다. 즉 신앙의 부모만이 아름다움을 발견하고 사랑과 헌신으로 그 영혼을 돌볼 수 있는 것이다.

- 갈대 상자를 준비하였다는 것이다.

포기하지 않고 물에 가라앉지 않도록 상자를 만들고 역청을 칠하여 간절한 소망을 담아 물 위에 띄운 것이다.

- 히브리인으로 양육했다.

모세를 건져낸 공주는 모세의 친모에게 그를 양육하도록 하였다. 모세는 어머니 요게벳의 젖을 먹으며 히브리인으로 어머니의 교육을 받으며 자란 것이다.

절대 권력자 애굽 왕에 의해 죽어야만 했던 모세였지만, 그의 부모가 믿음으로 그를 지켜내려 하였다. 하나님은 믿음을 보시고 이집트 공주에 의해 구조되어 왕자로 자라게 했지만 모세는 엄마 품에서 히브리인으로 양육되어 민족의 지도자가 되었다.

부모는 어떤 상황에서도 절대로 자녀를 포기하지 말아야 한다. 맡겨진 자녀를 일정한 시기까지 말씀과 기도로 양육해야 한다. 그 과정 가운데 부모의 수고와 하나님이 지켜 보호해 주시는 축복이 귀하고도 소중한 것이다.

내가 바로 교사다

부모가 자녀교육에서 가장 스트레스를 받을 때는 주변의 다른 아이와 비교해 내 자녀를 성공적으로 교육하지 못할 때다. 경제적인 여건 때문에 다른 아이가 다니는 학원이나 사교육을 시키지 못하고 흉내만 내야 하는 경우가 있다. 그럴 때 부모는 아쉬움과 미안함이 생긴다.

이젠 세상의 흐름을 따라가지 말고 부모가 자녀와 함께 공부하고 부모가 교사가 되어 자녀교육을 효율적으로 해보겠다는 사고의 전환이 필요한 때이다.

자녀교육을 위해 가장 보람 있는 길이 무엇인지 찾아보자. 흔히 자녀교육은 부모가 할 수 없다고 한다. 이것은 엄청난 오류이다. 부모는 자녀에게 보호자이자 최초의 선생님이다. 부모의 삶이 가정에서의 산교육이고, 학교에서 선생님의 모습은 자녀에게 미래에 대한 자아상으로 투영 된다.

 부모가 평소 자신의 가정교육을 피드백하는 경우는 흔치 않다. 하지만 막상 자녀를 학교에 보내면 학교에 요구하는 것이 많아지고 불평과 불만이 늘어난다. 누구나 자신만의 교육관이 있을 것이다. 그런데 학교가 자신의 교육관을 반영해 줄 수 없기 때문에 불평불만이 많은 것이다.

 그렇다면 그 대안은 무엇일까?
 학부모 중에 자녀교육에 대해 고민하는 사람들이 모여 직접 교사가 되어 자녀를 지도하는 것이다. 일종의 홈스쿨링을 생각해 볼 수 있다. 즉 부모가 자녀를 지도할 수 있는 능력을 갖추도록 공부하는 것이다. 같은 취지를 갖고 있는 서너 가정의 부모가 교육을 받은 후 각각 분담하여 자녀들을 교육하는 것이다.
 예를 들어 성품 교육이나 본인이 자신 있는 교과목을 체계적으로 공부하여 이것을 바탕으로 부모들이 작은 학교를 만드는 것이다. 이러한 형태의 교육은 학부모 스스로도 성취감을 느끼고 자녀들에게 구현시키고 싶은 교육을 전수할 수 있어 기대 효과도 크다.

 실제로 신사임당은 자신이 직접 자녀를 훌륭하게 교육한 인물이다. 그러기 위해서 그녀는 자신에게 주어진 시간에 잠재력을 계발하여 문학과 시, 그림 등 다양한 분야에서 뛰어난 능력을 찾았다. 가정을 교육의 장으로 만든 최초의 홈스쿨을 만든 주인공이라고 할 수 있다.

이처럼 자녀만이 공부하는 것이 아니라 학부모가 직접 공부하여 공동체 안에서 교사로서의 역할을 한다면 이상적인 교육을 펼칠 수 있다.

현재 여러 교회에서 대안학교를 만들어 이와 같은 형태를 취하고 있지만 교사로서 전문적 교육을 받지 않은 상태이므로 공교육과 완전한 차별이 되지 않은 상태이다. 이러한 점들을 보완하여 보다 전문적이고 체계적인 학부모 교육을 진행한다면 만족스러운 홈스쿨이 될 수 있을 것이다.

필자는 일반 공교육에서 평생 몸을 담아왔고, 퇴직 후 대안학교에서 교장으로 학교를 섬기고 있다. 자녀를 대안학교에 보내고 싶어도 경제적인 문제로 포기하는 가정을 보면서 학부모가 교사가 되는 프로그램을 만들어 그들을 도와주고 싶은 마음이 생겼다.

학부모들이 각자 가지고 있는 은사를 계발하여 교육을 받아 부모이자 교사가 되는 것이 이상적이라고 생각한다. 학부모가 스스로 '내가 곧 교사다'라는 생각으로 올바른 교육관과 가치관을 갖고 자녀를 양육한다면 그것이 참교육이 아닌가 싶다.

일반 학교에서 가장 어려운 점이 생활지도라고 한다. 일탈 학생들을 바로잡기 위해 여러 방법을 동원하고 Wee센터나 전문 상담 기관에도 보내지만 쉽게 개선되지 않는다. 즉 교사들이 여러 방법을 동원하여 지도하지만, 문제 학생들은 그것을 교묘하게 피해 간다. 사람이 만든 규칙과 훈육으로는 사람을 바꿀 수 없다는 것을 반증하는 것이다.

그렇다면 사람의 마음을 돌려놓고 문제 학생들을 바로잡는 방법은 무엇인지 생각해 보아야 한다. 사람을 지으신 분이 누구인지 찾아봐야 한다. 사람을 만드신 분이 AS도 해줄 것이다. 사람의 생각은 헤아릴 수 없이 복잡다단하다. 그러나 사람의 머리카락도 세며 바다의 모래알도 다 헤아릴 수 있는 분이 바로 하나님이시다.

마가복음 4장에서 바다의 풍랑까지도 꾸짖어 "잠잠하라"라고 명하니 그 사나운 풍랑이 잠잠하게 된 것을 볼 수 있다. 이러한 말씀의 능력을 기초로 자녀를 교육할 때, 자녀는 든든한 믿음의 반석 위에 세워질 것이다. 하나님은 눈에 보이지 않는 분이시다. 이처럼 믿기지 않았기에 하나님은 그의 외아들을 이 땅의 가장 낮은 자리로 보내신 것이다. 그가 바로 예수님이시다. 그분은 구약에서 예언된 메시아로 이 땅에 오셨다. 이것을 믿게 될 때 하나님의 감동으로 쓰인 성경을 이해하고 그 안에서 해답을 찾을 수 있다.

진리는 간단하지만 진리가 아닌 경우는 수많은 억측과 가설이 무성하다. 교육은 진리에 바탕을 두어야 하고 이러한 믿음을 갖고 있는 사람이 진정한 교사가 될 자격이 있다.

  사람은 진리를 찾으려고 하지만 무엇이 진리인지 분별하는 것이 쉽지 않다. 그러다 보니 과학으로 증명 여부에 따라 판단하려고 한다. 그런데 과학으로 증명된 것도 시간이 지나면 잘못된 경우가 많이 발견된다. 진리는 다른 곳에 있는 것이 아닌 하나님의 말씀 즉 성경에 있는 것이다.

"예수께서 가라사대 내가 곧 길이요 진리요 생명이니 나로 말미암지 않고는 아버지께로 올 자가 없느니라"(요한복음 14:6)

  예수님을 통하지 않고 하나님을 만날 수 없으며, 예수님 말씀이 바로 진리이다. 또한 그를 믿는 자는 멸망하지 않고 영생을 얻을 수 있다고 요한복음 3장 16절에서 말하고 있다.

  예수님은 인간을 사랑하셔서 인간을 구원하려고 이 땅에 오셨다. 구원을 위해서 십자가에서 돌아가셨고, 다시 부활하여 새 소망을 주신 것이다. 이 사실을 믿지 않고는 진정한 교육다운 교육을 받을 수 없고, 교사다운 교사가 될 수 없다. 부모가 교사로서 자질을 갖춰 자녀의 필요를 충족시켜줄 수 있다면 이보다 더 좋은 선생님은 없을 것이다.

기독 교사 십계명을 마음속에 간직하자!

- 제 01계명 – 목자의 마음으로 하라.
- 제 02계명 – 자녀를 친구 되신 예수님처럼 대하라.
- 제 03계명 – 예수님처럼 교육하라.
- 제 04계명 – 아이들의 영혼을 돌보라.
- 제 05계명 – 사랑으로 돌보라.
- 제 06계명 – 기도하며 축복하라.
- 제 07계명 – 절대 포기하지 말라.
- 제 08계명 – 성급히 판단하지 말라.
- 제 09계명 – 학생의 눈높이에 맞춰라.
- 제 10계명 – 인내하며 기다려라.

완벽한 부모는 없지만
좋은 학부모는 될 수 있다

 성인이 되어 길러주신 부모로부터 독립해 가정을 꾸리면 새로운 출발이 시작된다. 누구나 그렇지만, 가정을 갖고 자녀를 낳기 전까지는 낳아주신 부모님에 대해 그다지 깊이 생각하지 않는다.
 결혼해 가정을 꾸리다 보면 새로운 것에 대한 설렘은 있지만 모든 게 어설플 수밖에 없다. 결혼 전에 꿈꾸었던 것들이 차츰 사라지고 생각지 못했던 일들이 생겨난다. 배우자 간에 서로 마음도 맞춰가며 상대의 마음을 헤아려야 하지만 생각처럼 쉽지 않다. 그럼에도 그런대로 인내하며 신혼을 시작한다.

 자녀가 태어나면서부터 부부의 마음은 아이에게로 향하고 유아 때부터 교육에 신경을 쓰게 된다. 아기는 잠자는 것부터 먹고, 싸는 것에 이르기까지 아주 세심하게 돌보지 않으면 안 된다. 그러다 보니 잠도 제대로 못 자고 이전처럼 일상을 보낼 수도 없는 상황이 된다.

그제야 자신을 낳아 길러주신 부모님 특히 어머니 생각이 나고 고마움을 느끼게 된다. 이렇게 애지중지 키운 자녀가 어느덧 유치원에 입학하고 초등학교에 진학하게 되면 그때부터 또 새로운 전쟁이 시작된다.

자녀교육에 대해 부부간에 교육관이 맞지 않아 의견 다툼이 잦아진다. 자신들의 삶은 온데간데없고 자녀에게만 집중한다. 주변의 학부모들과 만나 정보를 교환하고 대화의 주제도 아이와 자녀교육에 관한 것이 대부분일 것이다. 자녀를 키우면서 자기의 부모님께 그간 아쉽고 서운했던 것들이 이해되고 오히려 부모님에 대한 고마움을 느낄 수 있는 계기가 되기도 한다.

가정은 가장 작은 공동체이지만 이곳에서 이뤄지는 것은 작은 정부와도 같다. 평안한 것 같으나 물 위에 떠있는 백조가 끝없이 발놀림을 하는 것처럼 부모는 낮에는 직장과 일터에서 열심히 수고하고 밤에는 잠을 설치는 일이 비일비재하다. 그러다 보니 부모는 자신의 자녀가 더 나은 여건에서 생활할 수 있도록 교육에 투자하게 된다.

어떻게 하면 좋은 교육을 통해 자녀의 앞길이 형통하게 할 수 있을까? 하는 생각에 모든 삶을 자녀에게 바치는 것을 볼 수 있다. 다시 말해 자기 자신이 아닌 오직 자녀를 위해 사는 것이다. 이러한 모습은 다른 나라에서는 찾아보기 힘든 것이다. 아마도 자녀를 통해 보상받으려는 심리가 저변에 깔려있기 때문일 수도 있다.

교육도 일종의 투자이고, 투자는 자본이 된다.
물론 틀린 말이 아니다. 그러나 투자도 잘 고려하지 않으면 오히려 투기가 될 수도 있고 그로 인해 감당하지 못하는 경우가 발생하기도 한다.
부모는 자녀교육에 재정적이고 시간적인 것뿐만 아니라 정신적 투자를 한다. 투자하면 그에 대한 보상을 기대하게 된다. 투자했는데 결과가 썩 좋지 않거나 미래가 불확실하다 보니 불안과 걱정이 쌓인다. 자녀를 칭찬하기보다는 강요하게 되고 질책으로 이어진다. 잔소리도 늘어나고 자녀와의 관계가 절대적 사랑에서 조건적 사랑으로 변해 거래적 리더십을 행사하기도 한다.

이제는 부모가 아닌 학부모로서 불의도 감수하며 세상의 방법들을 찾고 구한다. 가면 갈수록 정신적 스트레스는 쌓여가고 결국은 감정 폭발이 자주 일어나 가정이 험악하고 사나워진다. 자녀는 더 이상 버티지 못해 가출하거나 탈선의 길로 갈 수도 있다. 세상의 욕망을 좇아갈 때는 가정의 불화로 부모와 아이가 모두 힘든 과정을 겪게 된다.

이처럼 아무리 노력해도 허망한 경우가 얼마나 많은지 세상을 살다 보면 누구나 한 번쯤은 느낄 것이다. 사람은 세상을 살면서 세상의 유혹과 탐심이 들어오게 되어 결국 죄인으로 살아갈 수밖에 없다.

"욕심이 잉태한즉 죄를 낳고 죄가 장성한즉 사망을 낳느니라"(야고보서 1:15)라는 말씀처럼 우리는 아담의 후손으로 죄인으로 죽을 수밖에 없는 인생이었다.

죄의 굴레에서 벗어나기 위해서는 죄의 사슬을 끊어낼 수 있는 길이요 진리요 생명이 되신 예수님께로 돌아가야 한다.

"악인은 그 길을, 불의한 자는 그 생각을 버리고 여호와께로 돌아오라 그리하면 그가 긍휼히 여기시리라 우리 하나님께로 나아오라 그가 널리 용서하시리라"라고 이사야 55장 7절에서 말씀하신 것처럼 여호와께로 돌아가야 한다.

인간은 원래 불완전하므로 어쩔 수 없는 것이 아니라 불완전하더라도 하나님 말씀인 성경을 통해 자신을 비춰보면서 살아갈 때 오염되어 물들어 있던 것들이 하나씩 씻어져서 새사람이 되는 것이다.

"그런즉 누구든지 그리스도 안에 있으면 새로운 피조물이라 이전 것은 지나갔으니 보라 새것이 되었도다"(고린도후서 5:17)라는 말씀처럼 그리스도 안에 있으면 새사람이 될 수 있다. 우리는 날마다 성령의 물과 불로 세상의 모든 욕망의 덫으로부터 깨끗하게 씻어져야 한다.

부모가 예수님의 심정으로 자녀를 양육하기가 힘들지만 "제가 할 수 없습니다. 주님께 모든 것을 맡기겠습니다"라고 고백하며 말씀을 가까이할 때 진정한 주의 백성으로 살아갈 수 있는 것이다.

자녀교육을 위해 열심을 다하는 것이 좋은 학부모가 되는 것이 아니라 자녀의 마음을 얼마나 헤아려 주고, 믿어 주느냐에 따라 좋은 학부모가 되느냐 그렇지 않으냐의 기준이 된다. 아울러 앞선 3장에서의 교사 십계명에 언급된 내용을 바탕으로 자녀를 대할 때 좋은 교사가 될 수 있을 것이다.

예수님께 모든 것을 맡기고, 예수님의 심정으로 자녀를 편견하지 않고, 자녀를 주께 하듯이 대하며, 자녀의 의사를 존중하며, 자녀를 노엽게 하지 않으며, 부모 자신이 하나님의 성품을 닮아가려고 노력할 때 좋은 학부모가 될 것이다.

학부모가 고려해야 할 점

1. 교우관계를 잘 하도록 돕는다.

학창 시절에는 자신의 생각을 함께 공유하고 나눌 수 있는 친구가 필요하다. 자신의 마음을 가장 잘 헤아려 줄 수 있는 친구가 있으면 많은 걱정과 근심이 덜어진다. 서양 속담에 「Shared joy is double joy and shared sorrow is half-sorrow」라는 표현이 있다. '기쁨은 나누면 두 배가 되고, 슬픔은 나누면 절반이 된다'는 뜻이다. 자녀가 친구들과 잘 어울리고 사회성과 리더십을 키워나갈 수 있도록 돕는다.

2. 자존감을 갖도록 한다.

자녀가 자신의 존재를 분명히 알게 하여 자존감을 갖도록 한다. 자신이 '하나님의 자녀'로 얼마나 소중한 존재인가를 알게 되면 세상에 선한 영향력을 끼치기 위해 무엇을 해야 하는지 알게 된다. 이로 인해 수동적이 아닌 능동적이고 자기주도적인 태도를 갖게 되어 자신이 결정한 것에 책임지고 기쁨으로 당당하게 살아가게 될 것이다.

3. 자녀와 친밀한 관계를 유지한다.

아이에게 가장 소중한 사람은 부모다. 도움이 필요할 때, 가장 기쁠 때, 어려움이 닥쳤을 때 가장 먼저 찾는 이가 바로 부모다. 자녀는 부모와 대화와 소통이 잘 이뤄지면 절대로 비뚤어지지 않는다. 부모의 마음이 자녀에게 잘 전해질 수 있도록 품고 기도해야 한다.

4. 좋은 환경을 마련해 준다.

환경이 사람을 바꾼다는 말이 있다. 자녀가 어떤 환경에서 자라느냐에 따라 자녀가 세상을 바라보는 시각이 달라진다. 부모가 그리는 아름다운 세상을 꿈꾼다면 가정이 평안하고 감사가 있는 분위기를 만들도록 노력해야 한다. 자녀를 만났을 때 미소와 사랑의 언어로 맞이해 주고, 자녀의 말에 경청하며 호응하고 공감하는 모습을 보여주는 것이 필요하다.

5. 비교하지 않는다.
자녀의 바람직한 습관이나 학업을 위해 부모는 주변의 사람 즉 친구의 자녀나 형제들과 자녀를 비교하게 된다. 부모의 의도는 이해하지만 비교는 자녀에게 부정적인 영향을 미친다. 사람은 나름대로 다른 기질과 성품을 지니고 태어났기 때문에 비교를 하는 것은 위험하다.

학부모로서 범하기 쉬운 사례들

1. 가정 형편이 아무리 어려워도 자녀교육에는 무엇이든 투자해야 한다.
2. 자녀의 흥미, 적성보다는 부모가 뜻하고 있는 방향에 중심을 두고 이끌어 가는 것이 현명하다.
3. 언제나 자녀의 능력보다 높은 수준의 목표를 세우고 도달하도록 한다.
4. 영어, 수학, 논술, 피아노, 태권도, 미술은 반드시 시킨다.
5. 공부하라는 말과 지도는 끊임없이 꼭 해줘야 한다.
6. 자녀의 취미생활보다 숙제와 공부를 우선시해야 습관에 좋다.
7. 놀이하거나 체험하고, 호연지기를 기르는 것은 지금 중요하지 않다.
8. 좋은 성적을 위해서는 다양한 수단과 방법을 사용할 수 있다.
9. 인성 교육, 정서·가치관 교육, 경제 소비 교육은 이 시대를 살아가는데 중요하지 않다.
10. 먹이고 입히고, 공부를 위해 학비를 대주는 것이 부모로서의 가장 중요한 역할이다.

아는 것만큼 보인다

'책을 한 권만 읽은 사람이 가장 무섭다'라는 말이 있다. 이는 단편적 지식으로 모든 것을 해석하려는 사람은 설득 자체가 불가능하다는 뜻일 것이다. 이처럼 사람은 저마다 자신이 갖고 있는 위치와 방향에서 바라보기에 대립하며 갈등을 빚게 된다.

눈이 먼 장님이 코끼리를 표현할 때 자신이 만져본 경험을 바탕으로 코끼리의 모양을 설명한다. 다리를 만져본 사람은 기둥같이 생겼다고 하고, 코를 만져본 사람은 뿔같이 생겼다고 하고, 몸을 만져본 사람은 고목나무 같다고 하는 등 자신이 경험한 것을 바탕으로 설명한다.

딸만 있는 가정의 자녀와 아들만 있는 가정에서 자란 자녀도 느끼는 바가 전혀 다르다. 생물학적 차이점이 존재할 뿐 아니라 사회문화적 차이도 있다. 사회적인 환경과 분위기 그리고 놀이 문화를 비롯해 많은 점에서 차이점이 있기 때문에 자녀교육을 획일적으로 할 수는 없다.

뇌의 발달과정에서 여자아이가 남자아이보다 빠르게 성장하여 빨리 성숙하며 행동이나 언어발달, 사고하는 능력이 빠른 편이다. 여자아이의 뇌는 기억과 감각 수용에 장점이 있어 언어, 인문, 사회 영역에 강점을 보이고, 남자아이의 뇌는 공간지각과 추상적 추론에 장점이 있어 수학, 과학 영역에 강점이 있다.

또한 몸에서 분비되는 호르몬과 신경전달물질의 양에서도 여자아이와 남자아이 사이에 차이가 있다. 여자아이는 더 공감할 수 있는 능력이 있고 유대감을 느끼며 차분하게 충동을 억제할 수 있는 반면에 남자아이는 자기중심적이고 쉽게 충동을 일으키며 공격적인 성향을 보이기 쉽다.

때문에 딸을 둔 가정은 자녀의 애교와 재치 있는 언어 그리고 온순함이 있어 자녀를 키우는데 물리적으로 힘들지는 않다는 의견이 많다. 반면 아들을 둔 가정의 부모 특히 어머니는 아들이 에너지가 넘쳐 활동적이고 산만하고 고집이 강해서 키우기가 힘들다고 한다. 하지만 아들은 든든함이 있다고 한다. 부모는 딸과 아들의 차이점을 이해하고 성별로 인해 지닌 성향과 기질을 잘 고려해 자녀를 돌봐야 한다.

인터넷으로 신문이나 방송을 보는 사람들은 자신이 좋아하는 채널이 있어 그것을 통해 정보를 얻는다. 각종 SNS도 유튜브 알고리즘 때문에 그것을 이용하는 사람의 취향에 맞게 정보가 제공되어 편향된 정보만을 얻게 된다. 이러한 사정으로 사람들의 관점은 한쪽으로 치우치게 된다. 자녀교육 역시 마찬가지다. 한쪽에 치중되어 정보를 얻고 해석하기에 자녀교육에 어려움이 생기는 것은 당연하다. 다른 어떤 것보다 자녀교육만큼은 부모의 귀와 눈이 항상 열려있어야 한다.

"너희가 알거니와 사람마다 듣기는 속히 하고 말하기는 더디 하며 성내기도 더디 하라"(야고보서 1:19)

위의 성경 말씀은 사람의 귀가 두 개이고, 입이 하나인 이유를 말해준다. 이처럼 경청이 중요하지만 현실에서는 듣는 것보다 말하고 화내는데 익숙한 사람이 더 많다. 우리에게는 상대방의 말을 경청하면서 자기의 생각이 미처 미치지 못했던 것을 정리하고 수용할 줄 아는 겸손과 온유가 필요하다.

"교만은 패망의 선봉이요 거만한 마음은 넘어짐의 앞잡이니라"(잠언 16:18)라는 말씀처럼 학부모도 자녀의 말을 잘 듣고 자기 자신의 관점뿐만 아니라 상대의 관점에서 생각할 때 서로 대화와 존중이 원만하게 이뤄진다. 그러나 현실에서는 그것이 쉽지 않기 때문에 문제가 생긴다.

그렇다면 통합적 사고를 길러줄 수 있는 것이 무엇인지 생각해 보자. 통합적 사고를 위해서는 자신이 선호하는 분야뿐 아니라 다른 분야에도 관심을 갖고 견문을 넓혀야 한다. 가장 좋은 방법은 독서나 미디어 등을 활용해 궁금한 것들을 알아가도록 노력하는 것이다.

이를 위해 학교에서 강조하는 것이 독서이다.

독서는 다양한 관점에서 생각할 수 있도록 도움을 주기 때문이다. 그러나 한쪽으로 치우친 편협한 독서가 아니라 보다 폭넓고 다양한 독서가 필요하다. 책은 저자가 바라보는 관점에서 쓴 것이기 때문에 책에 실린 내용이 절대적이라고 생각해서는 안 된다. 그러므로 다양한 독서를 통해 본인이 읽은 글을 스스로 재편성해 정리할 줄 아는 종합적인 사고능력을 키워나가야 한다.

독서를 하겠다는 결심을 하더라도 막상 어떤 책을 읽어야 할지 막막할 수도 있다. 요즘은 과학기술 문명의 발달로 소외되었던 인문학에 대한 중요성이 강조되고 있다. 그로 인해 인문학 관련 책들도 많이 출판되고, 방송에서도 인문학 강의 프로그램이 있고, 학부모 교사 특강에서도 대부분 인문학 강의가 들어있다. 이처럼 인문학의 중요성을 알고 있기에 자녀들에게 인문학 책을 추천하지만 우선순위에서 밀려나기도 한다. 그럼에도 인문학을 통해 세상을 바라보는 안목을 넓혀나가야 한다.

독서가 성적으로 바로 이어지는 것은 아니기 때문에 학부모는 자녀에게 독서를 권하기보다 영어, 수학과 같은 학과 공부에 더 신경을 쓰고, 자녀의 적성에 맞는 프로그램을 찾는데 좀 더 많은 시간을 할애하라고 조언한다.

왜 이런 현상이 발생하는 것인지 생각해 보자.

이는 부모 자신이 알고 있는 범위에서 자녀의 교육을 생각하기 때문이다. 즉 당장 눈에 보이는 성과가 있어야 그에 대한 만족과 보람을 느끼기 때문이다.

성경은 "너는 내일 일을 자랑하지 말라 하루 동안에 무슨 일이 날는지 네가 알 수 없음이니라"(잠언 27:1)라고 말씀한다. 우린 오늘 일도 다 알 수가 없고, 내일 일은 전혀 모르는 것이 맞다. 부모가 경험한 것들과 자녀 세대가 똑같다고 판단하면 큰 착각이다.

요즘 시대는 과거처럼 스펙으로 평가하고 측정하지 않는다. 지금 부모가 자녀에게 교육을 강조하는 것은 부모가 자신의 생각에 머물러 있기 때문이다. 즉 자신의 눈에 보이는 것과 스스로의 경험 그리고 지식에 의존하기 때문이다.

진학 지도를 할 때 학부모 상담을 한다.

대부분의 학부모는 자신이 학교 다닐 때 생각했던 것을 기준으로 대학을 평가하는 경향이 있다.

담임선생님이 학생과 미리 상담을 통해 대학과 학과를 정한 후 학생이 부모님께 말씀을 드렸는데 아버지께서 "그런 대학 가려고 내가 그 학교에 보냈니?"라며 몹시 실망하셨다고 한다. 그 학생의 학부모는 학교에서 상담을 마친 후 아주 불쾌한 표정으로 돌아가시는 것을 보았다.

그 학생이 진학하고자 하는 대학은 예비고사를 치르던 당시에는 후기 대학이었지만, 지금은 서울에서도 중상위권 대학인데 학생의 아버지는 본인의 학창 시절의 기억에 머물러 있는 것이었다.

「약은 약사에게 진료는 의사에게 맡기라」는 말이 있다.

제대로 전문적으로 알지 못한 상태에서 소문으로 듣거나 자신의 고정관념에 묶여 있을 때가 있으므로 자녀의 학업이나 학교생활의 전반적인 것은 담임선생님이나 교과 담당 선생님을 통해 진단받아야 한다.

자녀의 진학 문제로 고민하는 경우에는 진학 관련 설명회나 각종 진학 관련 사이트를 방문하여 기본적인 지식을 갖고 있어야 자녀와 진로에 관한 소통이 가능하고, 진로상담교사의 설명을 제대로 이해할 수 있다.

그러나 이보다 중요한 것은 종합적 사고를 할 수 있는 창조적이고 전인격적인 자녀로 키워나가야 한다는 것이다. 이를 위해서는 자녀가 다양한 독서 경험을 할 수 있도록 도와줘야 한다.

어릴 때부터 독서하는 습관을 길러주는 것이 중요하다. 자녀가 어렸을 때부터 부모가 함께 책을 읽고 이야기를 나누며 자녀가 관심 있는 분야의 책들을 접할 수 있도록 도와주는 것이 중요하다. 사고력은 독서와 경험을 통해 넓혀질 것이고 이러한 것들을 통해 더 많은 세상을 그려 볼 수 있기 때문이다.

그렇다면 부모가 자녀와 소통하려면 어떻게 해야 할까? 자녀가 좋아하는 영화나 음악 그 밖의 문화에도 관심을 갖고 독서도 많이 하면서 자녀의 마음을 헤아릴 수 있는 능력을 키워 나가야 한다. 학부모가 관심 있는 책이 아니라 자녀가 읽는 책을 읽고 공감대를 형성해 함께 시간을 보내는 것이 좋다.

신앙 서적도 가까이하여 신앙인이 어떻게 살아가는지 그 가운데 역사하시는 성령의 능력을 발견하는 것도 중요하다. 왜냐하면 하나님을 떠나 살아가는 삶은 결국은 허망하게 끝나기 때문이다. 주님 안에서 성경적 세계관을 갖고 살아가는 것이 참다운 의미가 있다. 성경적 세계관은 성경의 관점에서 세상을 바라보며 이해할 수 있는 능력을 갖게 해주기 때문에 문화적, 사회적 이슈를 바르게 볼 수 있는 안목을 갖게 해준다. 그러나 세상의 관점은 자기의 입장과 생각의 틀에 갇히게 되어 다른 사람을 이해하지 못하면서 갈등이 생기고 근심과 걱정, 염려 속에서 살아가게 된다.

사도바울을 예를 들어보면, 그는 로마시민권을 갖고 있었고, 가말리엘의 문하생으로 정통 유대교의 율법학과 그리스 철학에도 능통한 사람이었다. 그런데 그가 다메섹 도상에서 예수님을 만난 후 전에 갖고 있던 모든 것을 배설물로 여기고 평생 복음을 전하는 자로 살아가게 된 것은 진정 중요한 것이 무엇인지를 알았기 때문이다.

자녀를 얼마나 알고 있는지 점검하자

〈사춘기의 자녀를 잘 이해하고 있는가?〉

❶ 호르몬의 변화

남성은 테스토스테론, 여성은 에스트로겐 호르몬의 분비가 증가하면서 감정과 행동에 영향을 미치게 된다.

❷ 신체적 변화

신체적 변화로 자아 정체성에 대한 고민을 하게 되어 자아를 찾는 과정에서 반항적인 행동으로 나타나게 된다.

❸ 독립성 추구

자기 결정과 독립성을 추구하는 과정으로 자신의 주장이 강해지고 부모로부터 벗어나려는 현상을 보인다.

❹ 사회적 영향

친구들과의 관계에서 경쟁을 하고 그 과정을 통해 인정받으려는 욕구로 반항적인 모습을 보인다.

❺ 대인관계의 영향

가족관계에서 부모와 갈등이 생기고, 친구들과의 관계에서 민감하게 반응한다.

〈부모가 고려해야 할 접근 방법〉

❶ 이해와 공감

사춘기 자녀의 감정을 이해하고 공감해야 한다. 자녀의 마음 상태를 알고 있음을 대화를 통해 소통할 수 있도록 노력한다.

❷ 개방적 소통

부모는 자녀에게 자신의 경험을 나누고, 자녀의 생각이나 의견을 존중하여 마음의 문이 열릴 수 있도록 한다.

❸ 균형 잡힌 규칙과 자율성 부여

자녀를 훈육하는데 일정한 규칙을 정하여 자녀가 이해할 수 있도록 하며, 동시에 자녀에게 스스로 결정할 수 있는 자율성을 부여해야 한다.

❹ 관심과 지지

자녀에게 가장 큰 힘이 되는 사람은 부모이다. 어떤 상황에서도 자녀의 도움이 필요한 곳에는 부모가 있다는 것을 심어줄 수 있도록 관심과 지지를 보내야 한다.

❺ 자기 존중감과 자아 정체성

세상이 자신에게 어떤 시각으로 대한다고 하더라도 스스로 사랑하고 존중하는 자세가 필요하다. 그리고 자신이 누구인가를 분명히 알아갈 수 있도록 도와주어야 한다.

❻ 의견이나 선택의 존중

자녀의 주장이나 의견이 부모와 다르더라도 수용하고, 자녀가 선택해 결정한 것에 대해서는 존중하는 마음을 갖도록 해야 한다.

생각을 디자인하자

 지구촌에는 수십억의 인구가 살고 있지만 똑같은 사람은 아무도 없다. 심지어 외모가 같은 일란성 쌍둥이라 하더라도 생각하고 느끼는 것이 다르다. 그러므로 같은 생각을 공유하는 것이 쉽지 않다.
 내 생각에는 상식이고 올바른 것이지만, 다른 사람은 그렇게 생각하지 않을 수 있다. 심지어 MBTI를 했을 때도 똑같은 유형이지만 그 안에서 서로 다름이 존재한다.

 부모가 자녀를 교육하는데도 나름대로의 교육철학이 있다. 그런데 어떤 교육관을 갖고 시작하느냐에 따라서 자녀에게 미치는 영향은 매우 크게 달라진다.
 욥기 8장 7절은 "네 시작은 미약하였으나 네 나중은 심히 창대하리라"라고 하였다. 모든 일의 시작인 출발점에서는 별로 차이가

나지 않는다. 같은 장소에서 출발해도 각도가 다름에 따라 멀리 갈수록 차이가 더욱 크게 나타나는 것처럼 우리의 생각도 처음과 나중은 헤아릴 수 없을 만큼 큰 차이가 난다.

어릴 적 농사를 짓던 생각이 난다.
모판에 심겨진 볍씨가 싹이 터서 자라게 되면 그것을 뽑아 다시 논에 심는 것을 모내기라고 한다. 모내기를 끝내고 나서 뒤돌아보면 논에 심겨진 것들이 시들시들해 곧 말라죽을 것처럼 보인다. 그런데 며칠이 지나고 나면 파릇파릇 생기가 돋고 몇 주가 지나면 몰라볼 정도로 자란다. 그리고 반년쯤 지나면 이삭이 나와 가을이면 수확을 한다.
세월이 갈수록 재배 방법도 다르고 모내기하고 추수하는 것도 사람이 아닌 농기계를 이용한다. 그뿐만 아니라 벼에서 나온 쌀의 질도 개선되어 많은 수확을 할 뿐 아니라 맛도 사람의 입맛에 맞게 개량된 것을 본다

우장춘 박사는 씨 없는 수박을 만들어 많은 관심을 받았다. 또한 그는 맛 좋고 병에 강한 배추와 무 품종을 만드는 데 성공했으며, 바이러스에 쉽게 감염됐던 강원도 감자의 품종을 개량해 세계적으로 맛 좋고 튼튼한 강원도 감자를 완성했다.
이렇듯 세상은 생각대로 변화하고 있고, 우리는 공상과학소설이 현실이 되는 세상에 살고 있다. AI의 세상이 되어 키오스크가 사람을 대신해 주문을 받고 계산을 하고, 챗 GPT가 궁금

한 것을 풀어주는 만능 해결사 역할을 하고 있다.

 50년 전만 해도 상상에 그쳤던 것들이 현실로 다가오고 있는데, 그 중심에는 인간의 상상력과 그것을 이루기 위해 무한 도전 한 열정이 있었기에 가능한 것이다. 우리에게 맡겨진 자녀가 미래를 창조하고 책임지고 가야 할 소중한 자원이라는 점을 주시해야 한다.
 과거의 방식대로 고정관념을 갖고 자녀를 돌본다면 그 자녀는 시대에 뒤떨어져 그들이 마주할 세상에서 살아가는데 어려움을 겪을 수도 있게 된다.
 세월이 지나면서 우리의 옛것은 간데없고 온 세상이 천지개벽한 모습으로 변해있다. 불과 몇십 년 전의 모습을 보려고 해도 민속촌이나 박물관에 가야만 볼 수 있으니 말이다.

 여러 차례 일본을 다녀온 적이 있는데, 여행하다 보면 일본 전통 가옥들이 한눈에 들어온다. 교복 역시 이전의 것을 그대로 착용한 학생들을 거리에서 어렵지 않게 볼 수 있다. 날씨가 제법 쌀쌀한 데도 유치원생들이 반바지를 입고 등원하는 모습을 접할 수 있다. 아마 한국에서 이런 일이 있으면 아동 학대라며 난리가 났을지도 모른다.

 식당에 들어가면 혼식하는 것도 어렵지 않게 찾아볼 수 있고, 그 자리에서 수저 및 식수까지 모두 해결할 수 있도록 필요한 것들이 거의 다 갖춰져 있다.

일본 사람들은 생활하면서 불편하면 그것을 개선하기 위해 여러 방면으로 노력을 기울인다고 한다. 그래서 현재 우리가 사용하고 있는 비데를 비롯한 많은 제품들이 그들이 더 편리하고 간편하게 만들려고 시도하면서 완성한 독특한 발명품들이라고 한다. 예를 들면 캔 뚜껑을 따는데 어려움이 있어 움푹 팬 부분을 만들어 캔 따는 것을 보다 편리하게 만들었고, 긴 머리를 한 운전자들을 위해 구멍 난 오토바이 헬멧을 만들었다고 한다. 햄버거를 먹을 때 입을 가려주는 냅킨을 만든 것 역시 일상에서 겪은 불편한 점을 개선하기 위해 노력한 흔적임을 엿볼 수 있다.

사실 우리나라 국민 중 일부는 일본을 대수롭지 않게 생각하기도 한다. 그런데 우리에게 친근한 제품 중 상당수는 세계 최초로 일본에서 만들어진 것들이다. 예를 들면 건전지, 인스턴트커피, 인스턴트 라면, 샤프, 내시경 카메라, 전기밥솥, 자동차 내비게이션, 개찰기, 신칸센 고속철도, 워크맨 등 다양한 것들이 있다.

일본의 발명품은 주로 생활과 밀접한 관계가 있고, 몸소 생활하면서 좀 더 편리한 것들을 끝없이 생각해 낸 결과가 발명으로 이어진 경우가 많다.

「성공하는 사람들의 7가지 습관」의 저자 스티븐 코비는 생각을 어떻게 하느냐에 따라서 행동으로 옮겨지고 행동이 습관을 낳고 습관이 인성이 된다고 말했다. 즉 생각이 성공에 이르게 하는 첫 번째 출발점이라는 뜻이다. 열매를 맺기 위해서는 씨앗이 땅에 떨어지는 것과 같은 이치이다. 생각을 어떻게 디자인하느냐에 따라서 결과는 말로 다 할 수 없을 만큼 차이가 난다.

부모가 자녀를 어떤 인격을 가진 사람으로 양육하고자 하느냐에 따라서 자녀의 성장 과정이 다양하게 나타난다. 자녀를 세상에서 추구하는 부와 권력을 지닌 사람으로 양육하고자 하면 어려서부터 경쟁의 세계로 몰아넣을 것이다. 이로 인해 선행학습이 성행하게 되고 자녀의 미래에 대한 불안증도 가중될 것이다. 미래에 대한 꿈을 꾸며 아름다운 청사진을 그려나가야 할 시기에 자기 존재감은 없고 오로지 부모가 정해놓은 길을 가야 한다는 것은 너무도 슬픈 일이다.

학부모 중에는 이미 이러한 삶을 살아온 이도 있을 것이다. 그중 일부는 자신이 살아온 인생을 되돌아보고 자녀에게는 자신과 같은 삶을 물려주고 싶지 않아 다른 방법을 모색하기도 한다. 그래서 자녀를 일반 공교육보다는 홈스쿨이나 대안학교를 선택해 교육하기도 한다.

물론 국가나 지자체에서 운영하는 유치원과 학교 등의 교육기관은 좋은 시설을 갖추고 인프라 구축이 잘 되어 있다는 장점이 있다. 하지만 교사 한 명이 여러 학생을 지도하고 획일화된 교육으로 학습자의 능력을 배려하지 못한다는 지적도 있다. 학생 개개인은 모두 다른 인격체이고 마땅히 존중받아야 하지만 기존의 교육으로는 다 채울 수가 없다. 뉴노멀 시대에 이러한 것들을 추구하고자 하는 교육으로 대안학교가 생긴 것이다.

대안학교에는 인가된 대안학교와 비인가 대안학교가 있다. 인가된 대안학교는 공립형과 사립형이 있고, 재정을 지원받는 학교와 재정 지원을 받지 않는 학교가 있다. 또한 비인가 대안학교는 등록된 대안학교와 그렇지 않은 대안학교로 나뉜다.

인가된 대안학교는 특성에 맞춘 대안학교로 공교육으로 감당하기 어려운 사각지대의 학생들을 위한 곳이다. 비인가 대안학교는 나름대로 학교의 설립 특성에 맞게 설립되어 운영되지만, 재정의 자립도가 어려워 학교를 운영하는 게 쉽지 않다.

이러한 어려운 상황임에도 불구하고 대안학교를 운영하는 기관이 있다는 것이 대안학교에 보내고자 하는 학부모의 입장에서는 다행일 것이다. 부모는 자녀의 상황에 맞는 교육을 시키려는 마음에서 대안학교를 선택하게 된다.

현재의 교육은 인간 중심의 합리적 이성을 바탕으로 한 지성에 초점을 두고 있다. 그 결과 경쟁을 통한 줄 세우기라는 비난을 받아왔다. 이러한 형태의 교육은 자라는 아이들에게 경쟁을 통해 우열을 가리게 하며, 이것이 인성에 부정적인 영향을 미친다.

경쟁의 승자는 승자독식(勝者獨食)의 원리로 모든 이권을 누리게 되어 부와 권력을 독점하는 현상이 나타난다. 그러다 보니 자녀를 둔 학부모는 이러한 경쟁의 세계로 자녀를 몰아넣게 된다. 자녀를 전인격적인 인간으로 성장시켜야 한다는 것에는 동의하지만 실제는 그렇게 할 수 없다고 생각할 것이다.

그렇다면 어떻게 교육해야 하는지 고민해야 한다.

교육의 중심이 인간에서 하나님으로 옮겨가야 한다는 말이다. 왜냐하면 인간이 만든 것들은 절대적일 수 없고, 영원한 진리도 아니기 때문이다.

그 진리를 어디서 찾아야 하는지 알아보자.

「길이요 진리요 생명 되신 예수님」에게서 답을 찾아야 한다. 예수님은 12명의 제자를 불러 모아 함께 생활하며 기도와 말씀으로 자신이 누구인지를 친히 보여주셨다. 그럼에도 제자들은 마음속으로 예수가 이 땅의 왕이 되실 것으로 믿고 시기와 질투가 그들 속에 있었다. 급기야 야고보와 그의 형제 요한의 어머니는 예수님께서 왕의 자리에 오르게 되면, 자신의 자녀 하나는 오른쪽, 또 다른 하나는 왼쪽에 앉게 해달라고 부탁했다.

그러나 예수님은 마태복음 20장 26절과 27절에서 "너희 중에 누구든지 크고자 하는 자는 너희를 섬기는 자가 되고, 너희 중에 누구든지

으뜸이 되고자 하는 자는 너희 종이 되어야 하리라"라고 말씀하셨다.

결국 예수님께서는 말씀을 통해 우리가 어떻게 살아야 하는지 삶의 지침서를 주신 것이다.

예수님이 "이 땅에 오신 것이 섬김을 받으러 오신 것이 아니라 도리어 섬기기 위해 오셨으며, 자기의 목숨을 많은 사람의 대속물로 주려 함이라"고 하셨다.

예수님은 이 땅에 성육신하여 오셨는데 끝까지 자신의 사명을 감당하기 위해 모든 수모를 겪으면서 십자가에 못 박혀 돌아가셨다. 그리고 장사한지 사흘 만에 다시 살아나셨고, 40일 후 승천하셨다.

자녀를 교육하는데 최고의 스승이 되신 예수님의 가르침을 본받아 교육하는 것이 후회 없는 교육이다. 그러나 이러한 사실을 알고 있어도 각자 자신의 소견대로 행하였던 사사시대의 사람들처럼 현대의 사람들 역시 그렇게 행하고 있다.

예수님은 다음과 같이 말씀하셨다.
"수고하고 무거운 짐진 자들아 다 내게로 오라 내가 너희를 쉬게 하리라 나는 마음이 온유하고 겸손하니 나의 멍에를 메고 내게 배우라 그러면 너희 마음이 쉼을 얻으리니 이는 내 멍에는 쉽고 내 짐은 가벼움이라 하시니라"(마태복음 11:28-30)

우리의 스승이 되신 예수님께서 주신 말씀을 기억하고 주님의 말씀을 묵상하며 생각하는 것 이상으로 생각을 디자인하는 것은 없다.

솔로몬은 '지혜의 왕'하면 떠오르는 인물이다.

그는 다윗이 이뤄놓은 터전 위에 태평성대를 누렸던 이스라엘의 왕이었다. 그에게 하나님은 그가 구하였던 지혜뿐 아니라 모든 물질까지 풍성하게 채워주셨다.

권력과 재물이 차고 넘치는 삶 속에서 그는 자신의 끝없는 욕망을 채우려고 노력하였지만 결국 그가 얻은 것은 전도서 1장 2절의 "전도자가 가로되 헛되고 헛되며 헛되고 헛되니 모든 것이 헛되도다"라는 말씀뿐이다. 그리고 사람이 해 아래에서 수고하는 모든 수고가 자기에게 무엇이 유익하냐고 고백한 것을 깊이 묵상해 보자.

자녀의 교육이 결국 세상을 향할 때는 허무하고 헛된 것임에도 그에 따른 수고는 끝이 없고 미래는 보장되지 않는다. 그러나 성경적 세계관을 바탕으로 자녀를 교육하고자 하면, 자녀가 자신의 정체성을 바로 알도록 하나님께 지혜를 구하여야 한다.

야고보서 1장 5절 "너희 중에 누구든지 지혜가 부족하거든 모든 사람에게 후히 주시고 꾸짖지 아니하시는 하나님께 구하라 그리하면 주시리라"라는 말씀에서 지혜를 구하여야 한다. 성경은 "믿음으로 구하고 조금도 의심하지 말라"(야고보서 1:6)라고 말씀한다.

전도서 10장 10절은 "무딘 철 연장 날을 갈지 아니하면 힘이 더 드느니라 오직 지혜는 성공하기에 유익하니라"라고 말씀한다.

철로 만든 연장이라도 제 기능을 잘할 수 있도록 날을 갈아야 하듯이, 사람도 그 속에 지혜가 있어야 사람으로서 역할을 잘 감당하는 것이다.

생각은 자유라고 하지만 생각을 어떻게 하느냐에 따라서 삶의 질이 바뀌는 법이다. 기존의 틀 속에 생각이 갇혀 있으면 생각이라기보다는 경험에서 우러나오는 답습에 불과하다. 일이 발생할 때마다 이전의 방식을 그대로 하면 당분간은 편하지만 변화된 상황에 적응하지 못해 문맹이 되어 버린다. 마치 컴퓨터가 없던 시대에 살던 사람들이 컴퓨터를 멀리했을 때 컴맹이 되는 것과 같다.

자녀를 교육하는데, 앞으로 있게 될 변화를 예견하여 대비하여 교육하면 그것은 현명한 생각의 디자인이라고 할 수 있다. 그런데 자신이 확실하다고 믿었던 예측이 빗나갈 수도 있고, 예측은 했지만 그것을 대비할 대안이 나오지 않을 경우도 있다. 그런 경우에 인간의 한계를 발견하게 된다.

생각은 그동안 자신이 경험해 아는 지식을 바탕으로 완성된다. 생각의 크기를 넓히기 위해서는 보다 많은 독서를 하고 사고하며 디자인해야 한다.

많은 사람이 나이가 들어 젊은 시절을 회상할 때 '그때 좀 더 깊이 생각했더라면 잘할 수 있었을 텐데' 하는 아쉬움을 토로한다. 의도한 것에 대한 자료도 미리 수집하고, 연구 분석하여 계획을 짜게 되면 무작정 시도했던 것보다 훨씬 의미 있게 될 것이다.

훌륭한 학부모가 되기 위해서는 자녀의 특성과 기질을 살펴보고 자녀가 무엇에 관심과 흥미가 있는지를 우선 관찰해야 할 것이다.

다음으로는 자녀가 원하는 것을 알아내야 한다.

자녀와 함께 놀고 공부하고 대화도 나누면서 자연스럽게 자녀가 필요한 것을 마련해 준다. 이때 주의해야 할 점은 본인이 원하는 것을 스스로 찾아 말하도록 분위기를 만드는 것이다.

자신이 먹고 싶었던 음식이 눈앞에 있을 때 행복한 것처럼, 자신이 하고 싶은 것을 구할 때 누군가 도와준다면 더 효용성이 클 것이다.

어떻게 생각하느냐에 따라 행복의 질이 달라진다는 것을 마음에 간직하여 자녀를 양육하는 부모가 좋은 학부모가 될 것이다.

삶을 행복하게 하는 생각들

❶ 자신을 위로하고 격려하라.

"그만하면 잘 했어"라는 말은 자신의 한계를 정하는 것으로 부정적으로 들릴 수 있지만, 자기 자신과 자기가 하는 일을 소중히 여기게 되는 표현으로 자신의 위로와 격려가 용기를 준다.

❷ 자신을 남과 비교하지 말라.

거북이와 토끼의 경주에서 거북이가 이긴 이유를 토끼가 자만심으로 낮잠을 잤기 때문이라고 해석을 한다. 하지만 거북이는 토끼를 경쟁자로 보지 않고, 자기 길을 자기 페이스대로 느긋하게 갔기 때문일 것이다. 만약에 토끼를 비교의 대상으로 생각했다면 경쟁할 생각을 하지 않았을 것이다.

오스카 와일드는 "너 자신이 돼라. 다른 사람은 이미 있으니까"라고 말했다. 미래의 성공만을 위해 현재의 행복을 포기하지 말아야 한다.

❸ 멀리 가려면 쉬어가라.

아프리카 속담에 '빨리 가려면 혼자 가고 멀리 가려면 함께 가라'는 표현이 있다. 에디슨은 "나는 생각이 벽에 부딪칠 때면 해변이나 강가로 나가 낚싯줄을 드리운다"라고 했다.

캐나다에는 벌목 대회가 있는데, 이때 사용하는 톱은 일반 톱이다. 이 대회에서 1위를 한 사람은 40분은 열심히 톱질하고, 10분은 휴식을 취하고, 10분은 무뎌진 톱날을 간 사람이었다고 한다.

열심히 하는 것은 좋지만, 체력이 바탕이 되어야만 좋은 결실을 얻게 된다. 휴식은 에너지를 회복시키는 방법임을 잊지 말아야 한다.

❹ 자신과 내면의 대화를 하라.

스스로에게 칭찬을 하는 것보다 효과적인 것은 자기 자신을 격려하는 것이다.

"월요일이네. 갈 곳이 있고 할 일이 있어 좋다. 그러니 힘들더라도 짜증 내지 말자. 어차피 할 일이라면 일찍 가서 일하자는 생각을 갖자."

말은 마법과도 같은 힘이 있다. 부정적인 말은 불만을 부르고, 긍정적인 말은 행복을 가져온다. 자기 자신과 주고받는 내면의 대화가 인생을 바꾼다.

부정적인 언어를 사용하는 사람은 질병이나 외로움, 신경증이나 우울증에 시달릴 가능성이 크다. 긍정적인 언어를 사용하는 사람은 직장에서뿐만 아니라 여가활동에서도 더 성실하고 적극적이고 몸도 건강해진다.

미국의 수녀 180명의 간증문에서 부정적인 언어를 사용한 수녀들 가운데 85세 이상 장수한 사람들은 34%인 반면 긍정적 언어를 사용한 수녀들 중에 85세 이상 장수한 사람은 90%나 되었다.

❺ 지금이 아닌 미래의 시각에서 생각하자.

어렵고 힘든 일이 생길 때 '이 또한 지나가리라'는 생각을 하자.

찰리 채플린은 "인생은 가까이에서 보면 비극이고, 멀리서 보면 희극"이라고 했다. 현재의 모습은 미래를 볼 수 있는 바로미터이다.

신명기 28장 1절부터 14절에는 하나님을 경외하는 삶을 사는 경우 축복이 임하게 되며, 15절 이후에는 하나님 말씀을 떠나 불순종하는 백성들에게 하나님의 저주가 임한다고 한다. 말씀에 순종하며 살면 불편함이 있을 수 있지만, 말씀을 떠나 자유롭게 살면 근심, 염려, 두려움이 수시로 찾아와 외로움과 공허함 때문에 밤잠을 설치는 경우도 많다는 것을 경험했을 것이다.

믿음 없는 미래는 결국 허무하게 끝나지만, 믿음으로 사는 사람은 천국에 대한 미래의 확실한 소망이 있다.

삶으로 보여줘라

 모든 학부모는 각자 교육에 대한 나름대로의 철학이 있다. 자녀가 많은 학부모는 경험을 토대로 교육에 대한 소신이 있을 것이고, 처음 학부모가 된 경우는 책이나 방송 및 각종 미디어를 통해 정보를 얻을 것이다.
 그러나 자녀를 잘 키우기 위해서 가장 중요한 것은 이론이 아닌 삶을 보여주는 것이다. 이미 위에서 언급한 내용 외에도 좋은 학부모가 되기 위해서 참고할 만한 것들이 있다. 예를 들면 다음과 같은 것들이다.

- 자녀들에게 간섭하지 말라.
- 어려서부터 습관을 잘 들여야 한다.
- 말을 함부로 하지 말라.
- 기초를 쌓아야 한다.

- 교육 공동체 의식이 있어야 한다.
- 자녀가 선택하도록 해야 한다.
- 자녀에게 본이 되어야 한다.
- 좋은 환경을 만들어야 한다.
- 다른 사람의 말에 귀 기울여야 한다.
- 학교 선생님들과 좋은 관계를 맺어야 한다.
- 동등하게 대해야 한다.
- 편견을 갖지 않도록 한다.
- 시기를 놓치지 말아야 한다.
- 너무 서두르지 말아야 한다.
- 화목한 가정이 되어야 한다.
- 대화와 소통이 활발히 이뤄져야 한다.
- 끝까지 들어줘야 한다.
- 미디어 사용에 대해 교육해야 한다.
- 용돈을 주되 경제 원칙을 가르친다.
- 아이들의 사생활을 침해하지 말아야 한다.
- 좋은 언어를 사용하도록 한다.
- 비난이나 책망하지 말아야 한다.
- 칭찬과 격려를 아끼지 말아야 한다.
- 자녀의 마음을 이해하도록 노력한다.
- 긍정적인 사고를 하도록 한다.
- 변명도 끝까지 들어준다.
- 극단적인 언어 사용을 피해야 한다.

이러한 것들을 다 잘 지키면 좋겠지만, 사람은 감정을 지녔고, 상황에 따라 영향을 받고 있어서 지키기가 어려울 수도 있다. 때문에 자신에게 개선해야 할 부분들이 있는지 살펴보고 발견해 고쳐나가는 것이 중요하다.

'자녀는 부모의 거울'이라는 말이 있다.
부모의 외형적 태도나 행동, 습관, 말투 등은 그대로 자녀들에게 영향을 미치게 된다. 모범이 되는 가정에서 성장한 자녀들은 부모님들의 모습을 그대로 받아들이는 경우가 대다수이다. 반면에 돌봄이 없고 폭언이나 폭력의 가정에서 자란 자녀들은 두려움에 떨기도 하고 버림받는 느낌이 들기 때문에 학창 시절에 우울증을 겪기도 하고, 탈선이나 자해 또 다른 엉뚱한 짓을 통해 관심을 받으려 하기도 한다.

특정 선생님을 유독 좋아하며 따르는 학생이 있었다. 이 학생이 때로는 쓰러지기도 하고 자해하는 등 우울증 증세를 보였다. 선생님은 이 학생을 위해 많은 시간과 노력을 기울였고, 학생도 이전과 달리 밝은 표정으로 친구들과 어울리며 간혹 선생님과 마주치면 미소 띤 얼굴로 인사도 곧잘 했다. 그런데 학년이 바뀌자 이전의 상태로 돌아갔다. 이번에는 다른 교과 선생님에게 자신의 감정을 호소하며 선생님과 자주 상담을 했다. 결국 부모님 면담도 갖고 상담사와 연결하여 병원 치료까지 받았다.

학생의 어머니와 개별 면담을 가진 후 학생이 왜 그렇게 되었는지 그 이유를 알 수 있었다. 어머니는 부모 모두 사회활동도 활발하게 하며 경제적으로도 어렵지 않은 가정인데 무엇이 문제인지 알 수가 없다고 했다. 그런데 아버지와의 관계 및 가정사에 대해 이야기를 나누면서 학생의 행동 저변에 가정 문제가 있음을 발견했다. 학생은 집에 들어가기를 싫어했다. 그 이유는 부모의 갈등과 다툼으로 학생이 정신적으로 고통을 겪고 있었던 것이다. 학생은 부모에게 자신의 비참한 모습을 보여 복수하고자 하는 삐뚤어진 마음을 갖고 있었다.

이 경우에는 학생만 탓할 수가 없다. 학부모도 자신들의 모습을 되돌아보고 스스로 배우고 고쳐야 할 부분이 무엇인지 찾아야 한다.

범죄소설 작가인 말콤 글래드웰(Malcolm Gladwell)은 '일만 시간의 법칙' 혹은 '일만 번의 법칙'을 따르면서 작가로서의 길을 걷게 되었다고 한다. 본래 이 용어를 사용한 사람은 미국의 심리학자 앤더스 에릭슨(Anders Ericsson)이다. 그는 어떤 분야에서든 전문가가 되려면 최소 1만 시간 정도의 훈련이 필요하다고 말했다. 몸에 지닌 습관이나 습성을 바꾸는 데는 그 이상의 노력이 필요하다는 뜻이다.

어린아이들이 일어나 걷기 위해서는 평균 2천 번은 넘어지고 또 일어서면서 다리에 힘이 생겨 몸의 균형을 유지할 수 있다고 한다. 이처럼 실패가 있더라도 굴하지 않고 계속 시도하다 보면 어느 순간 삶의 일부가 된다.

자신의 나쁜 습관을 개선하기 위해 나름 노력하지만 결실을 얻지 못하고 중간에 포기해 다시 원점으로 돌아가는 경우가 많다. 그래서 작심삼일(作心三日)이라는 말이 나온 것이다. 그럼에도 시작을 유도하는 말로 '시작이 반'이 있다. 영어로 'The first step is always the hardest'가 있고, 천 리 길도 한 걸음부터라는 영어 표현으로 'A journey of a thousand miles begins with a single step'이 있다. 모두 시작이 힘들다는 뜻을 포함하고 있다.

이처럼 새로운 일을 시작하는 것이 힘들기에 이것을 존중하기 위해 「구체적인 계획을 세워 작성하면서 점검하도록 하는 '자기사명선언서'」가 나오기도 했다. 예일 대학교에서 자기사명선언서를 작성한 학생들을 대상으로 조사를 한 자료에 의하면 이를 작성한 졸업생들은 그렇지 않은 학생들보다 그들이 계획한 분야에서 훨씬 뛰어난 기량을 발휘해 인정받는 유능한 사람이 되었다고 한다.

실제로 학교장으로 재직하면서 학생들에게 자기사명선언서를 작성하도록 권장했고, 잘 실천한 학생들을 선발해 학기별로 시상도 하고 발표하도록 했다. 발표한 학생들의 Before와

After를 살펴볼 때, 자기사명선언서 작성 그 자체만으로도 올바른 방향으로 성장하고 있음을 볼 수 있었다.

나 또한 좋은 습관을 들이기 위해 몸에 익숙해질 때까지 계속 반복해 무언가를 실행한 결과 그것이 일상이 되어 자연스럽게 행동으로까지 나타나는 것을 발견했다. 학부모도 자녀에게 억지로 강요하거나 지시하지 말고 자녀와 함께 계획하고 실천해 나가는 것이 중요하다.

요즘 학생들은 게임에 몰두하거나 유튜브 보는 것을 낙으로 삼는다고 한다. 학부모는 무절제하게 스마트폰을 사용하는 자녀를 보면 잔소리도 하고 야단도 치고 심지어는 폰을 빼앗기도 한다. 이러한 일들이 반복되면서 부모와 자녀의 관계는 더욱 악화되어 감정의 골이 깊어진다.

학부모는 어떻게 하면 자녀를 올바르게 지도할 수 있을까?를 고민해야 한다. 부모가 자녀에게 공부하라고 하고 자신은 스마트폰의 영상을 보거나 TV를 즐겨 보지는 않는지 돌아봐야 한다. 만약 이런 상황이라면 자녀의 바람직하지 못한 습관을 바꾸지 못할 것이다. 이 경우에는 부모가 먼저 바른 삶으로 본을 보여주려고 노력해야 한다. 부모가 자신의 잘못된 습관을 자녀에게 고백하고 함께 노력하자고 제안한다면 자녀도 그 요청에 기꺼이 따라 줄 것이다.

자녀가 공부할 때 부모도 책을 읽거나 생산적인 것들을 한다면 자녀가 공부하는 데 도움을 줄 것이다. 가르치는 것보다 중요한 것은 삶으로 보여주는 것이다.

세계적인 축구선수 손흥민 선수의 아버지 손웅정 씨는 아들을 어떻게 위대한 축구선수로 키웠는지 알아봤다. 우선 손흥민 선수의 아버지는 자기관리가 철저하신 분이다. 자녀의 교육관과 인생관이 그의 저서「모든 것은 기본에서 시작한다」속에 고스란히 담겨있다. 그는 자녀교육을 위해 공부하며 자신만의 철학을 갖고 자녀를 지도했다.

손웅정 씨는 '인생은 한 치 앞도 알 수 없기에 미래를 준비하면 기회가 올 것이고, 기회가 오면 행운을 만나는 일이 생길 것'이라고 한다. 그는 좋은 축구선수가 되고 싶었고 훌륭한 지도자가 되고 싶었지만, 번번이 좌절했다고 한다. 그런데 두 아들이 축구를 가르쳐달라고 했다. 그는 "축구는 말도 할 수 없을 정도로 힘들다"라고 했고 두 아들은 『그래도 좋다』라고 말해 결국 축구를 지도하게 되었다고 한다.

기본기부터 반복에 반복을 거듭하며 두 아들과 함께 달린 아버지의 진솔한 모습이 현재의 손흥민 선수를 만든 것이다. 아버지의 가르침과 삶을 통해 멋진 선수로 성장한 손흥민 선수는 선수로서뿐만 아니라 명성에 걸맞은 인품까지 완성해 많은 사람들의 칭찬을 받고 있다.

오래전「두란노서원」에서 진행하는「아버지 학교」에서 교육을 받은 적이 있다. 교육의 내용 중에 가장 인상 깊었던 시간은 간증 시간이었다. 이때 기억에 남은 한 가정을 소개한다.

『아버지가 하시던 사업이 잘되지 않아 술로 시간을 보내고 술에 취해 늦게 들어오시는 날이 다반사였다고 한다. 힘들고 속상해서 술을 마신다고 생각한 어머니는 참고 견뎌 내셨지만, 시간이 지날수록 술에 취해 들어와 술주정을 하는 횟수도 늘어났고, 어머니와 자녀들에게 폭언과 폭력을 일삼는 일이 잦았다. 이런 모습을 보고 자란 형제는 절대로 술을 입에 대지 않겠다고 다짐하며 결혼하면 다정다감한 남편으로 좋은 아빠로 살겠다고 맹세했다.

결혼해 그런 각오로 좋은 가정을 만들어가던 그도 하던 사업이 힘들게 되자 자신도 모르는 사이에 술에 손을 댔다. 귀가 후에는 아내와 말다툼이 시작되었고, 마침내 자신의 아버지가 하던 모습을 그대로 답습하고 있었다.』

이처럼 자녀는 부모의 모습을 그대로 배운다. 이 형제님은 훈련을 통해 배우고 익히며 하나님의 성품으로 다시 성장한 것으로 여겨진다.

사람은 무한히 배우며 자라게 된다. 좋은 점도 배우고 나쁜 점도 무의식적으로 답습하게 된다. 그러므로 우리가 우리의 삶을 돌아봐야 한다. 세상의 욕심과 욕망을 채우려고 하면 끝내 채워지지 않고 목만 마를 뿐이다. 사람은 시간이 지나고 나서야 세상의 모든 것이 헛된 것임을 알게 된다.

성경에는 현명한 판단력과 결단력으로 '지혜의 왕'이라 불린 솔로몬이 있다. 솔로몬이 다스리던 시대에 이스라엘은 크게 번영하였다. 그는 성전을 건축하였는데, 성전에는 화려한 금과 상아로 가득했다. 태평성대를 누리고 있던 솔로몬은 방탕하기 시작했고, 사치스러운 생활로 백성들에게 노역과 과중한 세금을 부과하고 자신의 욕구를 맘껏 채워나갔다.

세상 사람들에게는 그의 삶이 부럽게 느껴졌겠지만 결국 솔로몬은 그러한 모든 게 헛되고 헛된 것임을 나중에 깨닫게 된다. 그의 삶은 그가 죽고 나서 이스라엘 왕국이 남북으로 분열하는 결과를 초래하였다.

성경에는 위대한 지도자들의 이야기가 많이 등장한다. 그중에서 모세와 여호수아는 특별한 인물이다. 모세는 이스라엘 백성을 애굽의 속박에서 해방시켜 약속의 땅 가나안까지 이끈 지도자이며, 여호수아는 모세의 뒤를 이어 가나안 정복을 이끈 지도자이다.

모세는 태어날 때부터 지도자의 자질을 갖춘 특별한 인물이었다. 애굽 왕궁에서 자랐지만, 히브리 백성의 고통을 잊지 못하고 결국 백성을 위해 싸우는 길을 선택했다. 뛰어난 지혜와 용기, 그리고 하나님과의 깊은 관계를 통해 백성을 이끈 지도자였다.

여호수아는 모세의 수종드는 자로서 오랜 기간 그의 곁에서 훈련을 받았다. 그는 모세로부터 리더십의 중요한 요소들을 배우고 경험하며 성장했다. 특히 그는 뛰어난 전략과 용맹함으로 가나안 정복을 성공적으로 이끌었다.

"너희는 세상의 소금이니 소금이 만일 그 맛을 잃으면 무엇으로 짜게 하리요 후에는 아무 쓸 데 없어 다만 밖에 버려져 사람에게 밟힐 뿐이니라"(마태복음 5:13)

그리스도인이 기독교인으로 살아가지 않으면 오히려 세상 사람들에게 무시당할 것이고 하나님의 영광을 가리게 될 것이다.

"너희는 세상의 빛이라 산 위에 있는 동네가 숨겨지지 못할 것이요 사람이 등불을 켜서 말 아래에 두지 아니하고 등경 위에 두나니 이러므로 집 안 모든 사람에게 비취느니라 이같이 너희 빛이 사람 앞에 비치게 하여 그들로 너희 착한 행실을 보고 하늘에 계신 너희 아버지께 영광을 돌리게 하라"(마태복음 5:14-16)

빛으로 이 땅에 오신 주님을 믿는 크리스천은 스스로 그리스도인임을 당당히 밝혀야 한다. 어둠에 속한 사람이 빛을 보고 그 속에 있는 성도의 모습을 확연히 본다. 성도가 행하여야 할 바는 예수님의 가르침을 본받아 실천하는 것이다.

그분의 성품은 갈라디아서 5장 22절에서 23절에 성령의 9가지 열매에 잘 표현되고 있다. 사랑, 희락, 화평, 오래 참음, 자비, 양성, 충성, 온유, 절제로 표현된다.

믿는 자들이 예수님의 성품을 닮아 그리스도의 향기를 드러내는 삶을 살아갈 때 이것이 착한 행실인 것이다. 다시 말해, 선한 사마리아인처럼 어려움에 처한 사람을 기꺼이 도와 보살펴주며, 가난하고 헐벗은 이웃에게 사랑을 실천하며, 봉사와 희생을 삶을 통해 보여주는 것이다. 이런 행실이 있어야 하나님께서 세상 사람들로부터 영광을 받으시는 것이다.

주님께 하듯 자녀를 대할 때 자녀는 삶을 통해 배우게 된다. 부모가 야단치는 대신에 기도하고, 자녀가 힘들어할 때 함께 아파하고 위로하며 격려해 준다면 자녀에게 큰 힘과 용기를 주게 될 것이다.

방송에서 어떤 목사님이 간증하는 것을 들었다.

『낳아주신 어머니가 돌아가시고 아버지가 재혼을 하셨다. 아버지가 새엄마를 엄마라고 부르라고 하셨지만 그럴 수가 없었다. 신앙과 삶을 통해 사랑을 실천하신 어머니가 생각나서 새엄마를 엄마라고 부르는 것이 용납이 되지 않았다. 그런데 어느 날 가출을 결심하고 부모님 방에서 돈을 몰래 갖고 가려는데, 방에서 새엄마가 울며 기도하는 모습을 보게 되었다. 새엄마가 자녀들을 위해 기도하는 모습을 보고 우리 형제들이 "엄마"라고 부르게 되었다.』

자녀에게 가장 큰 영향을 미치는 것은 친구도 선생님도 아닌 부모였다. 부모가 열심히 사시는 모습과 삶으로 보여주는 것들을 어릴 때는 잘 모를 수 있지만, 시간이 지나면서 부모의 헌신을 알게 될 것이다. 그만큼 삶으로 보여주는 것들이 진정한 교육임을 기억해야 한다.

최근에 90세가 넘은 배우 이순재 씨가 백상예술대상에서 자신이 지금까지 연기에 도전하는 것은 "배우로서 연기는 생명력이다. 항상 새로운 작품, 역할에 도전해야 한다. 새롭게 만들기 위해 공부하고, 고민하는 게 배우다. 그래야 새로운 역할이 창조된다"라며 노력하는 사람만이 남아있는 것이라고 말했다. "완성을 향해서 고민하고, 노력하고, 도전해야 한다는 게 배우의 숙명"이라고 했다.

그의 배우로서의 삶은 후배 배우들에게 좋은 본보기가 되는 것처럼 부모가 몸소 실천하는 삶이 자녀에게 선한 영향력을 미치는 것임에 틀림없다.

부모의 삶이 자녀에게 영향을 준 사례

자녀에게 부모는 세상의 전부라는 말이 있다.

이 말은 부모가 어떤 삶을 사느냐, 어떤 가르침을 주느냐에 따라서 자녀의 삶에 지대한 영향을 미칠 수 있다는 말이기도 하다.

다음과 같은 상황에 처한 아이가 있다고 생각해 보자.
- 제대로 배울, 일할 기회도 없는 시골에서 태어남
- 집안이 극심하게 가난함
- 초등학교도 제대로 졸업하지 못함

요즘 세상을 살아가는 우리의 눈으로 봤을 때 도저히 희망을 품을 수 없는 상황이다. 개천에서 용 난다는 말조차도 사라진 이 시대에, 저런 환경에서 태어난 자녀는 어떤 삶을 살아갈 수 있겠는가?

부모는 도대체 무엇을 가르칠 수 있겠는가?

그러나 방법이 있다. 바로 하나님의 말씀이다.

위에 언급한 환경에서 태어난 아이는 바로 미국인이 가장 존경하는 대통령인 링컨(Abraham Lincoln)이다.

어머니 낸시 여사는 링컨에게 그 무엇과도 바꿀 수 없는 가장 소중한 보물인 하나님의 말씀을 가르쳤다. 학교를 다니지 못하는 대신 어린 링컨을 데리고 강과 숲을 돌아다니며 자연을 느끼게 했고, 학교 교육보다 더 넓고 깊게 세상을 바라볼 수 있는 시야를 키워주었다. 그리고 날마다 성경을 읽어주었고, 성경 말씀을 지키며 살아가라고 당부했다. 대통령이 된 링컨은 지난날의 어머니를 회상할 때마다 가장 먼저 떠오르는 것이 바로 어머니가 항상 강조하시던 「십계명」이라고 고백했다.

링컨이 미국 역사에 길이 남을 위대한 대통령이 될 수 있었던 것은 바로 어머니 낸시 여사가 읽어주고 가르친 성경 때문이었다. 링컨은 가까운 사람들에게 종종 어머니의 교육에 감사하다는 말을 했다.

"내가 아직 어려 글을 읽지 못할 때부터 어머니는 날마다 성경을 읽어주셨고, 나를 위해 기도하는 일을 쉬지 않으셨네. 통나무집에서 읽어주시던 성경말씀과 기도 소리가 지금도 내 마음을 울리고 있네. 나의 오늘, 나의 희망, 나의 모든 것은 천사와 같은 나의 어머니에게서 물려받은 것이라네."

낸시 여사는 링컨이 9살 때 세상을 떠났다.

그러나 어린 시절의 9년간의 가르침이 온갖 역경을 이겨내고 미국에서 가장 정직한 변호사, 미국에서 가장 위대한 대통령, 노예 해방의 업적을 이룬 링컨을 만든 것이다.

부모는 이토록 자녀의 삶에 큰 영향을 미친다. 부모가 어떤 삶을 살고, 어떤 지식을 가르치는지에 따라서 자녀의 미래는 180도 달라진다.

링컨의 전기를 쓴 독일 작가 에밀 루트비히(Emil Ludwig)는 링컨의 삶을 다음과 같이 평했다.

"하나님은 링컨에게 위대한 사람이 될 만한 조건은 한 가지도 주지 않으셨다. 다만 그에게 가난과 훌륭한 신앙의 어머니만을 주셨을 뿐이다."

2

사랑하는 자녀를 대하는 자세

비교하지 말자

　부모는 자신의 자녀와 다른 학부모의 자녀를 곧잘 비교한다. 자신의 자녀는 너무 잘 알고 있어서 장단점들이 한눈에 들어온다.
　사람이라면 누구나 내 자녀의 장점이나 좋은 점에 대해서 자랑하고 싶은 마음이 있다. 그래서 많은 부모들이 자녀의 단점은 쏙 빼고 장점만을 이야기한다. 이 이야기를 들은 부모가 다른 가정의 자녀는 말도 잘 듣고 공부도 잘하며 반듯하게 자랐다는 생각에 부러워하는 것은 당연하다. 무릇 자녀뿐이겠는가? 삶의 곳곳에서도 그런 것들을 찾아볼 수 있다.

　학창 시절의 친구들을 만나 부부관계 및 자녀교육에 대해 한참을 이야기하고 집으로 돌아올 때면 힘을 얻기보다는 초라함을 느끼고 허탈감이 밀려오는 경향이 많을 것이다. 친구의 남편은 수입도 많을 뿐만 아니라 자상하고 가족들도 따듯하게 보살핀다는데 자신을 되돌아보면 잦은 부부 싸움, 자녀들과 치르는 전쟁 등으로 작아지고 초라하게 느껴져 의욕이 떨어지고 지친 모습을 볼 수 있다.

사실 각자의 속내를 들여다보면 모든 게 형통한 것은 아니다. 조금만 더 들여다보면 자신을 포장했던 그 친구 역시 골치를 앓으며 살아가는 경우가 다반사다. '산다는 게 다 그런 거지!'라고 되뇌게 될 때는 인생을 많이 경험하고 서로를 알고 난 후에야 가능하다.

우리 교회에서는 「행복한 부부 세미나」 일명 「행부세」를 진행한다. 그 세미나에 참석한 부부 중에는 겉보기에는 잉꼬부부로 살아가는 가정부터 파탄으로 이혼 직전에 있는 부부들도 있다.

각자의 삶을 나누는 동안 느꼈던 것은 부부가 서로를 어떻게 대하느냐에 따라 평안이 있을 수도 있고, 갈등으로 가정이 파경의 지경에 이를 수도 있다는 것이다. 나는 서로의 삶을 나누는 시간을 통해 회복된 가정을 어렵지 않게 만날 수 있었다. 결국 비교가 가정을 파국으로 만들 수 있다는 것을 발견한 셈이다.

교사가 학생을 지도할 때는 학생 개개인이 한눈에 들어온다. 수업의 집중도가 높으며 이해력이 빠른 학생, 수리적이고 논리적인 면이 탁월한 학생, 운동에 탁월한 기량이 있는 학생, 음악적 감성이 풍부하거나 상상력을 발휘하여 미술이나 창작물을 만드는 것에 재능이 있는 학생 등이다. 외견으로 보는 것보다는 상담을 통해 각자가 지닌 성품과 성향 등을 고려해 생활기록부에 세부 능력 및 특기 사항이나 종합의견 등을 기록한다. 이처럼 대부분의 학생은 자신만의 강점을 갖고 있는 경우가 많다.

 자녀를 양육하는 부모라면 누구나, 자녀가 어렸을 때 신체적 발달부터 언어 사용 능력까지 신기하고 기특했던 기억이 있을 것이다. 그런데 다른 아이들과 어울리기 시작하면서 친구와 서로 비교하게 되고 자녀에게 잘못이나 부족한 면을 지적하게 된다. 언어를 배울 때도 틀린 부분을 너무 많이 지적하면 자신감이 떨어지고, 남과 자주 비교하면 흥미를 잃어 심지어는 과민반응을 일으키기까지 한다.
 지혜로운 학부모는 비교하지 않고 자녀가 잘하는 부분을 찾아 칭찬과 격려를 해준다. 칭찬은 사람과 모든 식물과 동물들에게 긍정적인 효과를 보여준다. 그러한 것들은 실험을 통해 여러 가지 방법으로 증명되었다.

 칭찬은 고래도 춤추게 한다고 하지 않는가?
 심지어 식물 역시 칭찬을 받고 클래식 음악을 들으며 자라면 고르고 건강하게 잘 자란다. 반면, 욕과 야단을 들으며 무시를 당하며 자란 식물은 둘쭉날쭉 자란다는 실험 결과가 있다.

자녀가 미래에 대한 긍정적인 생각을 갖고 꿈을 꾸며, 자기 속에 숨겨 있는 보화를 발견할 수 있는 멋지고 당당한 인성을 지닌 자로 자랄 수 있는 것은 자녀를 대하는 부모의 방식에 달려있다고 해도 지나친 표현이 아니다.

부모가 명심해야 할 것은 비교는 아무리 선한 의도라 해도 자녀에게 득이 아닌 독이 된다는 것이다. 비교는 잘못 사용하면 영혼을 파괴하는 무서운 언어적 폭력이다.

그렇다면 어떻게 자녀를 양육하란 말인가?라고 물어볼 것이다. 하나님의 시선을 바라보고 그분의 말씀을 가까이할 수 있는 여건을 마련해 준다면 그것이 자신에게 큰 힘이 된다. 하나님은 서로 다른 사람들을 하나님의 지체로 이 땅에 보내셨기에 어느 한 사람 소중하지 않은 사람이 없다.

그런데 이 부분에서 특히 유의해야 할 점은 각자 받은 은사를 제대로 깨끗하게 사용해야 한다는 것이다. 하나님의 목적에 합당하게 쓰임 받고자 한다면 스스로 자신을 귀하고 소중히 여겨야 한다. 부모는 자녀가 주님 안에서 자아 정체성을 확립할 수 있도록 도와주어야 한다. 비교하는 것이 아니라 자기의 자녀가 하나님의 성품을 닮은 소중한 자녀이므로 세상에 하나님의 영광을 위해 크게 쓰임 받도록 기도하며 축복해야 한다.

성경에서 비교로 인한 비극적인 사건

● 가인과 아벨

성경에서 최초의 살인 사건은 가인이 그의 아우 아벨을 죽인 사건이다. 최초의 인간인 아담과 하와에게서 태어난 첫 아들이 가인이다. 가인은 농사꾼으로 땅의 열매를 하나님께 제물로 바쳤고, 아벨은 목동으로 양을 제물로 바쳤다. 그런데 하나님께서 가인이 제사로 드린 제물은 받지 않으시고 아벨이 드린 제물의 제사는 받으신 것이다.

"세월이 지난 후에 가인은 땅의 소산으로 제물을 삼아 여호와께 드렸고 아벨은 자기도 양의 첫 새끼와 그 기름으로 드렸더니 여호와께서 아벨과 그 제물은 열납하셨으나 가인과 그 제물은 열납하지 아니하신지라 가인이 심히 분하여 안색이 변하니"(창세기 4:3-5)

이에 가인은 자신이 무시당했다는 생각으로 분노하여 아우 아벨을 죽이는 인류 최초의 살인자가 되었다. 이로 인해 가인은 에덴의 동쪽 놋의 땅으로 추방되는 사건이 있었다.

● 에서와 야곱

이삭과 리브가의 관계에서 태어난 두 아들이 에서와 야곱이다. 이 두 형제는 쌍둥이지만 기질과 성향이 완전히 달랐다. 에서는 외향적 성격으로 활동적이고 용감하여 아버지 이삭의 사랑을 받았고, 야곱은 내향적인 성격으로 어머니를 도와 집안일을 하였으며, 어머니 리브가의 사랑과 편애로 팥죽 한 그릇에 장자권을 얻게 되었다. 에서가 사냥을 간 사이에 리브가의 도움으로 야곱은 아버지 이삭으로부터 자신을 에서로 착각하게 하여 축복을 받았다. 그 후 에서를 피해 야곱은 삼촌 라반의 집에 가서 20년간 지내다 돌아온다. 이러한 사건으로 둘은 원수가 되어 등을 지게 되는 결말을 갖게 된 것이다.

● 사울과 다윗

사울 왕은 블레셋 전투에서 골리앗이라는 거인과 겨룰 사람을 찾던 중에 다윗이 자처하여 골리앗과 겨루겠다고 하여 승리를 안겨주었다. 그로 인해 사울 왕은 다윗을 사위로 맞이하였다. 하지만 다윗이 전투에서 승승장구하자 이스라엘 백성들이 "사울은 천천이요, 다윗은 만만이"라고 함성을 지른다.

"무리가 돌아올 때 곧 다윗이 블레셋 사람을 죽이고 돌아올 때에 여인들이 이스라엘 모든 성에서 나와서 노래하며 춤추며 소고와 경쇠를 가지고 왕 사울을 환영하는데 여인들이 뛰놀며 창화하여 가로되 사울의 죽인 자는 천천이요 다윗은 만만이로다 한지라"(사무엘상 18:6-7)

만일 사울이 성숙한 사람이라면 백성들이 다윗을 칭찬하는 것을 인정했을 것이다. 그러나 사울은 다윗을 인정해 줄 만큼 성숙하지 못했다. 그래서 이러한 비교가 사울로 하여금 다윗을 죽이기 위해 안간힘을 쏟도록 했다.

비교는 시기와 질투 그리고 편견을 갖게 하고 그 결과 비극을 부른다는 점을 유념하여 자녀를 비교한다는 것은 얼마나 큰 고통과 아픔을 주는지 알아야 한다.

긍정의 언어를 사용하자

'말 한마디로 천 냥 빚을 갚는다'라는 속담이 있다.

그 뜻은 말이 사람의 마음을 움직이기도 하고 생각을 바꿀 수도 있다는 것이다. 그런데 말이 그러한 힘을 지니기 위해서는 말하는 사람의 진실과 행함이 있어야 한다. 우리의 언어는 어떠한가?

상황에 따라 우리의 언어는 다양하게 나타날 것이다. 똑같은 상황 속에서도 사용하는 언어가 다르고 우리가 사용한 언어에 상대방의 반응이 그대로 투영됨을 느낄 것이다. 그래서 "언어가 곧 인격이다"라는 말이 만들어진 것이다.

입만 열면 거짓과 비난 일색인 사람도 있고, 같은 말을 하더라도 감정이 실려 듣는 사람을 불편하게 할 수도 있다. 또 모든 일에 불평과 불만을 늘어놓아 분위기를 해치는 사람도 있지만, 반면 어떤 상황에서도 긍정적으로 생각하고 감사가 몸에 배어 있는 사람도 있다.

누구를 만날 때 힘이 생기는가?

예수님은 바리새인, 사두개인, 제사장, 율법 학자 심지어 사단 마귀의 시험에도 비유적인 표현을 사용하여 깨닫지 못한 것을 깨닫게 하시고 오히려 자신을 비난하려는 의도를 무색하게 만드신 것을 볼 수 있다.

한동안 조엘 오스틴(Joel Osteen)의 「긍정의 힘」이 많은 독자들에게 인기를 얻어 유사한 서적들이 국내에서도 많이 출판되었다. 심리학에서는 '긍정적인 기대나 관심이 사람들에게 좋은 영향력을 미친다'는 「피그말리온 효과」가 있다.

이 효과가 실제로 이뤄진 경우를 볼 수 있다. 화가 빈센트 반 고흐(Vincent van Gogh)와 파블로 피카소(Pablo Picasso)의 예를 들어 보자.

고흐는 평소에 "나는 이렇게 비참하게 살다가 죽을 거다. 나는 돈과 인연이 없는 사람이다"라고 말했다. 반면 피카소는 "나는 그림으로 억만장자가 될 것이다. 나는 갑부로 살다가 갑부로 죽을 것이다"라고 말했다.

이 두 사람의 인생은 말 그대로 이뤄진 것을 볼 수 있다. 고흐는 무명 화가로 빈민의 삶을 살다가 비참하게 생을 마감했고, 피카소는 삼십 대 초반에 유명 화가가 되어 실제로 억만장자가 되었다.

성경에서 예수께서 제자들에게 "너희는 나를 누구라 하느냐"(마태복음 16:15)라고 물었을 때 시몬 베드로는 "주는 그리스도시요 살아계신 하나님의 아들이시니이다"(마태복음 16:16)라고 답했다. 베드로의 고백은 비록 그가 예수님을 모른다고 배반하였지만, 결국 제자로서의 삶을 살아가는 것을 보여주었다.

한국 사람들이 많이 하는 말 중에 "~해서 미칠 것 같다", "~해서 죽겠다"라는 표현이 있다. 이런 표현을 "~해서 감사하다", "~해서 행복하다"라는 표현으로 바꾸면 어떨까? 미국인들이 많이 사용하는 표현은 "Thank you", "Sorry"이다. 이런 표현은 똑같은 상황에서도 서로를 배려하고 사랑하는 모습이 담겨 있어 따뜻하고 평화로운 분위기임을 느끼게 한다.

좋은 학부모가 되기 위해서는 자녀와 선생님들에게 어떤 언어를 사용해야 하는지 언어의 습관부터 점검해야 한다.

자녀는 부모의 보살핌을 받으며 자란다. 부모가 자녀보다 훨씬 오래 살았고, 부모가 갖고 있는 지식과 경험이 자녀보다 더 풍부하다. 하지만 이 시대에 대한 지식과 이해는 자녀가 부모보다 더 신선하고 합리적이라고 해도 과언이 아니다.

과수원의 오래된 과실수들과 새로운 품종의 과실수들을 비교하면 새로운 품종의 과실수가 수확 시기와 맛 등에서 이전 것보다 좋은 경우가 많다.

이처럼 우리의 자녀가 비록 작아 보이고 부족해 보여도 아이들의 눈에는 부모의 지시와 훈계가 납득되지 않을 때가 많다. 부모의 조언이 오히려 간섭처럼, 때론 잔소리로 들릴 수 있다는 점을 유념해야 한다.

또한 학교에 다니는 자녀는 선생님을 통해 가정에서 채우지 못하는 교육을 받게 된다. 학업 관련 지식과 사람들과의 관계성 그리고 그에 수반되는 윤리 및 규범 등을 배운다. 학교는 전인적 교육을 하는 곳일 뿐 아니라 앞으로 사회인으로서 가야 할 길을 예비하는 곳이다. 그러므로 학교가 즐겁고 행복한 곳이 될 수 있도록 교사와 학부모가 함께 힘을 모아야 한다.

자녀가 만족하고 행복해하며 미래에 대한 희망의 꿈을 갖도록 하는데 학부모로서 해야 할 역할은 무엇인가 생각해 보자.

자녀를 학교에 보내면 학교에서는 학부모를 대상으로 학급과 학교의 임원부터 학교 운영위원회 등 각종 위원회를 만들어 참여할 수 있게 한다. 이러한 위원회에 참여하신 분들은 모두가 좋은 학교를 만들고 학부모의 의견이 잘 반영될 수 있도록 노력하겠다고 약속한다.

앞장서서 수고하시는 학부모는 다른 학부모의 요구에 어찌할 바 모르고 전전긍긍하는 경우도 많다. 왜냐하면 학부모가 자신의 자녀 입장에서 불평과 불만을 토로하기 때문에 요구사항을 모두 회의에 안건으로 내놓기도 힘든 경우가 많기 때문이다. 아무리 무리한 요구라 해도 받아들여지지 않으면 학부모 간에 다툼이 벌어지고 학교를 불신하게 된다.

이제 다시 원점으로 돌아가 생각해 보자.

우리 자신이 스스로 얼마나 자녀의 의견을 수용하고 있는지, 다른 학부모의 자녀 입장을 고려해 봤는지, 학교 선생님을 존중하고 있는지 돌아볼 필요가 있다.

나 역시 나를 돌아볼 때 부족한 점이 많이 있다. 그럼에도 학생과 교사와 학부모를 대상으로 교육해야 한다. 그럴 때면 나 자신을 돌아보면서 그대로 실행하고 있는지 점검하곤 한다.

학부모 역시 자녀와 함께 시간을 보내는 중에도 자녀를 어떻게 대하고 있는지 돌아볼 필요가 있다. 감정을 다스리지 못해 자녀에게 거친 말로 상처를 주지는 않았는지 또는 자녀의 의견을 들어보지 않고 일방적으로 강요하고 있지는 않은지 자문하는 것이 필요하다.

선생님에 대해서도 자녀 앞에서 존중하는 언어를 사용하는지 혹은 비방하고 비난하는 모습은 없는지 곰곰이 되짚어봐야 한다. 학부모가 선생님을 존중하면 아이도 선생님을 좋아하게 되고 긍정적인 반응을 얻게 된다. 반면 선생님에 대한 부정적인 태도는 아이 역시 선생님을 부정적 시각으로 바라보고 선생님에 대한 불평과 불만을 토로하게 한다.

갑자기 자녀가 몸이 아픈데 너무 늦은 시간이라 병원에 갈 수 없고 약도 없는 상황이 있다. 이런 경우 어떤 응급처치가 필요할까? 옛날에는 배가 아프면 할머니가 배에 손을 대고 "이 손이 약손이다"라며 문질러 주었는데 한참을 그러고 나면 증세가 좋아지곤 했다. 이런 교훈을 바탕으로 영양제나 다른 회복제 등을 주면서 이것을 먹으면 나아질 것이라고 말한다. 아이가 그것을 먹었을 때 효과가 나타나는 경우 이를 '위약 효과' 또는 '플라시보 효과'라고 한다.

할머니의 손이나 영양제, 회복제 등은 병을 낫게 하는 데 특별한 성분을 갖추지 않았다. 그럼에도 아픈 것이 낫는 것은 아마도 긍정의 힘이 작용한 때문일 것이다. 이처럼 자녀들에게 용기를 주고 힘이 되는 언어는 바로 긍정의 언어이다. 우리도 언어의 습관을 다음과 같이 바꿔보면 어떨까.

- 시험 점수가 낮을 때,
  "앞으로 더 많은 가능성이 있다."
- 시험에 떨어졌을 때,
  "실패한 것이 아니라 기회가 미뤄진 것이다."
- 위기가 찾아왔을 때,
  "사고의 전환이 필요한 때다."
- 문제를 틀렸을 때,
  "정확하게 이해할 수 있는 계기가 된다."
- 힘들어할 때,
  "성장하는 시간이다."
- 실망할 때,

"새로운 시작이다."
- 좌절할 때,
  "새로운 용기가 필요하다."

이처럼 똑같은 상황에서도 부정적인 언어보다는 긍정적인 언어를 사용할 때 부모 자신뿐 아니라 자녀에게도 좋은 영향력을 미치게 된다.

믿음대로 된다는 말이 있듯이 말의 힘은 대단한 것이다. 예수님이 잎이 무성하지만 열매 맺지 못함을 저주했을 때 무화과나무가 뿌리째로 말라죽은 것처럼 부모의 한 마디는 자녀의 마음에 어둠을 떠나게 하고 빛으로 다가갈 수 있게 한다. 또 때로는 어둠의 그림자가 엄습하게도 한다.

자녀가 친구 때문에 학교에서 힘들어한다는 이야기를 들은 학부모의 이야기이다. 힘든 이유를 물어보니 친구가 소리를 지르고 화를 많이 낸다는 것이었다.

이 경우 엄마는 어떻게 반응해야 할까? 그 학부모는 딸에게 친구가 왜 그렇게 행동하는지에 대해 물었고 딸은 "문제의 친구에게는 친한 친구가 없고 부모는 직장에 다니다 보니 말할 사람이 없다"라고 했다. 학부모는 "그 친구에게 다정하게 말도 걸어보고 친절하게 대해줘"라고 자녀에게 일러주었다. 그리고 얼마 후 딸은 "그 친구가 '친하게 지내자'라고 적힌 쪽지를 건네주었어요"라고 했다.

「나쁜 개는 없다」
「우리 아빠가 변했어요」
「우리 선생님이 변했어요」
「우리 아이가 변했어요」
위와 같은 이름의 방송 프로그램이 생각났다.

개도 변하는데 심지어 사람이 변하지 않겠는가. 누구를 만나서 어떤 태도를 갖느냐에 따라 긍정의 언어는 긍정적으로 반응을 하게 되고, 부정의 언어는 부정적으로 반응하게 된다.

자녀의 마음을 움직이려면 관계가 필요하다. 아무리 속으로 사랑하고 온갖 희생을 해도 부정적인 말을 하게 되면 그동안 공들였던 모든 것이 물거품이 되고 마는 것이다. 말의 표현이 그 사람의 인품이 되고 인격이 된다. 똑같은 말을 하더라도 신중하게 생각하고 말하는 습관이 필요하다.

예수님은 여러 가지 시험을 당하고 궁지에 몰릴 때라도 비유를 통해 깨닫게 하셨다. 때로는 세상 사람들이 무시하고 하찮게 생각하는 사람에게도 긍휼함을 갖고 영혼을 구원하는 모습을 보이셨다.

요한복음 4장에 나온 사마리아의 수가성 여인처럼 무시를 당하고 수치심에 가득 차 있었지만 메시아를 만날 것을 기대하고 있었기에 예수님을 만나는 역사적인 사건이 이뤄지게 된 것이다.

● 자녀의 상태에 부모가 사용하는 언어는?

자녀의 상태	부모의 반응	선택
학교 갈 시간에 일어나지 않을 때	늦었어. 빨리 일어나.	
	피곤한 모양이다. (머리를 쓰다듬으며) 그래도 일어나야지.	
학교 가기 싫다고 할 때	공부하기 싫으면 다 그만둬.	
	무슨 일인지 모르지만, 이유를 말해줄래?	
게임을 하겠다고 조를 때	게임하면 안 된다고 했지.	
	정 원하면 허락하지만, 계획은 지켜야 하잖아.	
방이 지저분할 때	방이 이게 뭐니. 앞으로도 이러면 혼날 줄 알아.	
	같이 방을 치울까? 정리가 잘 되어야 안정감이 있어.	
씻는 것을 싫어하는 아이	이게 무슨 냄새니? 안 씻었구나! 늘 그렇게 게으르게 사니?	
	몸이 피곤해 보이네. 샤워하고 나면 기운이 생길 거야.	
친구와 놀러 나간다고 할 때	친구가 밥 먹여주니? 집에 들어오지 말고 친구네서 살아라.	
	재미있게 놀다 와. 늦지 않게 돌아오고 늦으면 연락해	
친구와 관계가 좋지 않을 때	왜, 그런 애를 친구라고 사귀고 있니?	
	힘들지? 내가 도와줄 게 뭐 있을까?	
친한 친구와 말다툼했을 때	왜 그랬니? 네가 실수했을 거야.	
	많이 힘들지? 친구를 이해하고 잘 지내보도록 해.	
선생님께 야단맞았을 때	어떻게 그렇게 할 수 있어. 내가 찾아가서 따져봐야겠다.	
	선생님이 피곤하셨나? 좋으신 분인데 왜 그렇게 하셨니?	

자녀의 상태	부모의 반응	선택
선생님께 칭찬 들었을 때	너는 칭찬을 못 들어봤으니 기분이 좋겠다.	
	와~, 그랬구나! 기뻤겠다.	
시합에서 이겨 기뻐할 때	잘하긴 했는데 뭐 그것 가지고 만족하니?	
	정말 축하해! 앞으로도 좋은 소식을 기대해.	
시험을 망쳤을 때	네가 시험에 관심이나 있었니?	
	속상한 것 같구나! 괜찮아 다음에 잘해보자.	
성적이 올랐을 때	그것 가지고 너무 좋아하지 마라.	
	대견하다. 정말 해냈구나!	
희망 진로가 부모와 다를 때	너는 왜 고집만 부리니? 부모니까 말해주는 거야.	
	내 의견이 그렇다는 거다. 네가 잘 판단해 결정해.	
진로를 결정하지 못할 때	아직도 진로를 결정하지 못했니? 네가 그렇지 뭐.	
	나도 너 때는 그랬어. 진로 때문에 너무 걱정하지 마. 기다려 봐.	
사고를 당해 다쳤을 때	내가 뭐라고 했어. 조심 좀 해라.	
	아프고 힘들지? 지난 일이니 다 잊고 잘 치료해 회복하길 기도할게.	
물건을 잃어버렸을 때	물건 간수를 잘해야지. 그게 얼마나 비싼 건데.	
	맘이 많이 상했지? 지난 일이니 잊어버려.	

믿음의 눈으로 바라보자

학부모가 되면 근심, 걱정, 염려가 끊일 날이 없다는 것에 공감하게 된다.

왜 그럴까?

미래가 불확실하기 때문이다. 세상 사람들은 불확실한 미래를 계획하고 그것을 이루기 위해 몸부림치며 살아간다. 자녀의 미래는 자녀가 고민하고 찾아가야 하는데, 학부모가 되면 자녀보다 더 신경을 쓴다.

자녀를 학교에 보내고 나면 그때부터 학교에서 선생님 말씀을 잘 듣고 있는지 친구들과 잘 어울리는지 안전하게 오가고 있는지 걱정이 시작된다.

걱정은 눈에 보이지 않기 때문에 커진다. 왜냐하면 보이지 않는 것은 수많은 경우의 수를 상상할 수 있기 때문이다. 학부모가 자녀에 대해 걱정하는 것은 훌륭한 사람이 되길 원하기 때문이다. 훌륭한 사람이 되기 위해서는 공부를 열심히 해야 한다고 생각한다.

정말 공부를 열심히 하면 훌륭한 사람이 되는 것일까? 훌륭한 사람은 어떤 사람인가에 대해 공자와 그의 제자 자공이 나눈 대화를 살펴보자.

자공이 공자에게 물었다.
"선생님, 어떤 사람이 훌륭한 사람입니까? 마을 사람들이 모두 그 사람을 훌륭하다고 평한다면 훌륭한 사람이라고 할 수 있습니까?"
공자는 고개를 저었다.
"아니다. 훌륭한 사람에게서 훌륭하다는 말을 듣는다면 그 사람은 틀림없이 훌륭한 사람이다. 그러나 나쁜 사람에게서 훌륭하다는 말을 듣는다면 그 사람은 훌륭한 사람이라 볼 수 없다. 따라서 마을 사람들 모두가 훌륭하다고 칭찬하는 것은 그 사람이 훌륭한 사람이 아닐 수도 있다는 증거가 된다."
자공이 공자에게 그렇다면 진짜 훌륭한 사람은 어떤 사람인지 물었을 때 공자는 다음과 같이 대답했다.
"훌륭한 사람에게는 훌륭하다는 말을 듣고, 나쁜 사람에게는 나쁘다는 말을 듣는 사람이 진짜 훌륭한 사람이다."

"세상이 너희를 미워하면 너희보다 먼저 나를 미워한 줄을 알라 너희가 세상에 속하였으면 세상이 자기의 것을 사랑할 터이나 너희는 세상에 속한 자가 아니요 도리어 세상에서 나의 택함을 입은 자인 고로 세상이 너희를 미워하느니라"(요한복음 15:18-19)

이처럼 훌륭한 사람이란, 하나님이 보시기에 훌륭한 사람이 다른 사람을 훌륭하다고 말할 때 진정 훌륭한 사람 즉 의인이 되는 것이다.

자녀를 훌륭하게 키우고자 한다면 코람데오 즉「하나님 앞에서」말씀과 기도로 양육하는 것이 참으로 훌륭한 사람이 되는 것이고 이런 부모가 좋은 학부모가 되는 것이다.

"이 율법책을 네 입에서 떠나지 말게 하며 주야로 그것을 묵상하여 그 가운데 기록한대로 다 지켜 행하라 그리하면 네 길이 평탄하게 될 것이라 네가 형통하리라"(여호수아 1:8)

"모세가 온 이스라엘을 불러 그들에게 이르되 이스라엘아 오늘 내가 너희 귀에 말하는 규례와 법도를 듣고 그것을 배우며 지켜 행하라"(신명기 5:1)

"나를 사랑하고 내 계명을 지키는 자에게는 천대까지 은혜를 베푸느니라"(신명기 5:10)

이처럼 말씀에 순종하며 하나님을 경외하는 것이 복이 된다는 믿음을 갖고 자녀를 지도할 때 자녀를 잘 되게 하는 좋은 학부모가 될 것이다.

히브리서 11장 1절은 "믿음은 바라는 것들의 실상이요 보지 못하는 것들의 증거니"라고 말씀한다. 인간을 만드시고 돌보시며 죽기까지 사랑하시는 하나님께서 우리 자녀들에게도 말씀 가운데 순종하며 살아갈 때, 하나님이 우리의 기도를 들으시고 하나님의 때에 그분의 방식으로 일을 이루시는 줄 믿어야 한다.

자녀들이 잘하고 좋아하는 것이 바로 하나님께서 주신 달란트라 믿고 소망 가운데 기도하며 나아갈 때 반드시 성취될 것이다.

사람이 살아가는 데는 반드시 환난이 있고, 이것을 참고 견디며 인내하며 연단하여 나아갈 때 소망을 이루게 하신다는 것을 기억해야 한다. 이스라엘 백성들이 광야 생활에서 배고플 때 만나와 메추라기를 주시고, 목마를 때 바위를 터트려 물을 주시고, 낮에는 구름 기둥 밤에는 불기둥으로 인도해 주셨다. 이처럼 어려움이 닥쳤을 때 하나님의 은혜를 경험하게 한다는 믿음을 갖고 자녀에게도 적용하면 좋을 것이다.

모든 게 잘되어 가기만 한다면 하나님의 은혜를 느끼지 못해 하나님과 멀어질 수 있다. 반면에 어려운 시험이 닥칠 때는 더욱 하나님께 도움을 구하게 되고 은혜를 사모하게 되어 축복이 임하는 법이다. 교만은 하나님과 멀어지게 됨을 기억하고, 나의 자아를 내려놓고 성령의 능력을 구할 때 하나님이 일하심을 경험하게 된다.

우리는 자녀를 믿음의 눈으로 바라보아야 한다.
아무리 부족해 보여도 하나님의 꿈이 내 자녀의 비전이 되고, 예수님의 성품이 내 자녀의 인격이 되고, 성령님의 권능이 내 자녀의 능력이 될 것을 원하고 바라고 기도할 때 믿음대로 자녀가 성장하여 하나님 보시기에 훌륭한 일꾼으로 자란다.
현재 내 자녀는 자라는 중이고 성장하는 과정이므로 섣불리 판단하거나 단정하는 것은 죄가 된다. 예수님이 지혜와 키가 자라면서 하나님과 사람 앞에 더욱 사랑스러워졌던 것처럼 우리의 자녀도 그런 사람이 되도록 기도하는 학부모가 되어야 한다.

인간은 완전해질 수 없다. 왜냐하면 지금도 미완성된 자로 공사 중에 있으므로 완전할 수는 없다. 비록 완성될 수는 없지만 예수님처럼 닮아가도록 힘쓸 때 믿음의 조상들에게 약속의 말씀을 주신 것처럼 우리에게 그러한 약속이 임할 줄 믿어야 한다.
나의 자녀를 하나님의 자녀로 부르심을 받게 하시고 복을 주셔서 하나님의 장성한 분량에 이룰 줄 믿고 기도하는 학부모가 되어야 한다. 그러면 자녀는 믿음의 기도대로 뿌리를 내리고 자랄 것이다. 조급해하지 말고 뭘 하더라도 언젠가 하나님이 필요하실 때 쓰실 것이므로 믿음의 눈을 갖고 기다려 보자.

사무엘상 1장에서 하나님을 경외하는 엘가나와 한나 사이에 아이가 없었다. 그러나 한나의 간절한 기도로 사무엘을 얻었고, 그녀의 서원 대로 사무엘을 하나님께 바쳐서 사무엘은 제사장 엘리 앞에서 여호와를 섬기며 자랐다. 어머니의 믿음의 기도로 사무엘은 제사장으로 부름을 받아 하나님의 종이 된 것이다.

반면에 대제사장이었던 엘리는 나이가 들면서 영적 분별력이 떨어져 한나의 기도를 술 취한 것으로 오해하기도 했고, 그의 두 아들 홉니와 비느하스는 제사장으로 세워져야 함에도 불구하고 하나님을 두려워하지 않고 제단 위에서 죄를 서슴없이 저질렀다.

이들의 죄가 엘리의 죄다. 자식의 죄를 벌하지 않고 내버려뒀고, 여호와께 회개하는 기도도 없었다. 결국 엘리의 가문에 하나님의 저주가 임하게 된 것이다.

간절한 기도로 하나님과 가까이 있는 한나는 자녀를 주신다면 하나님께 바치겠다는 서원을 그대로 지켰다. 반면 대제사장의 직분을 갖고 있던 엘리는 자식을 제대로 교육하지 못하여 자녀가 망나니처럼 제멋대로 살아 결국 죽음의 저주를 받게 되었다. 사무엘과 엘리의 두 아들을 보면서 하나님을 우선순위에 두고 청지기로서의 삶을 살아가는 것이 얼마나 중요한가를 깨닫는다.

여호와께서 모세에게 명하여 가데스에서 12 정탐꾼을 파견하여 40일 동안 정탐하고 돌아오게 하였다. 그들은 가나안 땅이 젖과 꿀이 흐르는 땅이라는 긍정적인 메시지를 들고 왔는데, 10명의 정탐꾼은 그 땅 거민들이 너무 강하고 성읍도 견고하여 그들과 싸워봐야 질 것이라고 하였다.

반면 갈렙은 모세 앞에서 백성을 안심시켜 가로되 우리가 곧 올라가서 그 땅을 취하자며 능히 이기리라고 하였다. 결국 이스라엘이 가나안 땅에 들어갈 때는 믿음의 눈으로 가나안 땅을 바라보았던 여호수아와 갈렙 두 사람만이 들어간 것을 볼 수 있다.

하나님께서 보여주신 확고한 믿음을 갖고 권능의 눈으로 바라볼 때는 가나안이 약속의 땅으로 그들의 밥으로 여겼지만, 인간적인 관점에서 볼 때는 그들 안에 두려움과 낙심, 부정적인 생각으로 패배의식을 느끼게 했다(민수기 14:9).

하나님에 대한 믿음을 갖고 살아갈 때, 사람의 생각과 판단을 넘어 하나님이 일하시는 것을 직접 볼 수 있는 것이다.

믿음으로 상황을 반전 시킨 사람들

❶ 죄와 죽음에서 영생으로 인도하시는 예수님

죄로 인해 죽어야 하는 인간이 새 생명을 얻을 수 있었던 것은 예수님의 십자가 사건에서 찾을 수 있다. 요한복음 11장 25, 26절은 "예수께서 가라사대 나는 부활이요 생명이니 나를 믿는 자는 죽어도 살겠고 무릇 살아서 나를 믿는 자는 영원히 죽지 아니하리니 이것을 네가 믿느냐"라고 하셨다.

❷ 인간의 방식과 하나님의 방식

아각(아멜렉) 사람 하만이 자신에게 절하지 않은 모르드개를 처형하고자 세워놓았던 교수 형틀에 자신이 처형되고 모르드개가 왕의 2인자가 된다. 하만이 모르드개를 처형하고 유대인을 죽이려고 하던 그의 음모는 결국 자업자득이 되었던 것이다. 이 일이 가능한 것은 에스더 4장에서 "죽으면 죽으리라"라는 각오로 기도한 에스더가 있었기 때문이다.

❸ 엘리야와 바알과 선지자 450명과 아세라 선지자 400명의 대결

이스라엘의 가장 악명이 높은 왕 중의 한 명인 아합 왕은 시돈의 왕 엣바알의 딸 이세벨과 결혼하여 이스라엘에 우상 바알을 들여와 섬기게 되었다. 하나님은 아합의 죄악을 경고하기 위해 엘리야를 통해 이스라엘에 수년 동안 가뭄이 들것이라고 선포하자, 아합은 이세벨과 함께 그를 죽이려고 하였다. 그러나 하나님은 엘리야를 그릿 시냇가에 숨기시고 까마귀를 통해 떡과 고기를 공급해 주셨다.

3년 반이 지나고 가뭄이 끝날 즈음 엘리야와 바알의 제사장 450명과 아세라의 제사장 400명이 갈멜산에서 대결을 벌였다. 그 결과 우상을 섬기는 제사장 850명이 죽임을 당하게 된다.

감사한 생활을 하자

2022년에 경제, 정치, 군사, 외교, 리더십 등을 종합적으로 국력 평가 순위를 정했을 때 한국이 세계 6위에 올랐다. 반세기 전만 해도 세계 최고의 빈민국가였는데 감히 상상조차 할 수 없을 정도로 발전했다. 이러한 반전의 원동력이 무엇인지 생각해 보자.

1963년 서독 광부로 파견된 8천여 명의 우리 아버지들과 1966년에 간호사로 파견된 1만 3천여 명의 우리 어머니들의 피와 땀과 눈물의 결실로 외화 수입이 1억 불이 되었다. 1970년대에 월남 전쟁과 중동 건설 붐으로 각각 7.5억 불과 205억 불의 외화가 들어왔던 것이 국가 산업 발전의 초석이 되었다.

1970년대에 농가의 80%는 초가집이었고, 전기가 들어오는

집은 20%에 불과했다. 그러던 국가가 10여 년 전부터 반도체, 자동차, 선박 등에서 세계 최고가 될 정도로 발전하였다. 그러나 국민의 행복지수는 지난 2023년 UN에서 공개한 것을 토대로 160개국에서 57위를 기록하였다. OECD 36개 국가 중에서 34위라는 수치는 그냥 지나칠 일이 아니다. 그 이유는 어디서 찾아야 하는가? 여러 가지 이유가 있겠지만 감사가 없기 때문이다.

수고해 벌어들인 수입은 너무도 소중하기에 아껴서 저축을 하려고 노력한다. 반면에 용돈을 받거나 노력하지 않고 번 돈은 별생각 없이 쓰는 경향이 있다. 독일에 파견되었던 광부나 간호사, 후에 중동에서 일한 노동자들은 얼마나 열악한 환경에서 일을 했는지 전시관이나 영화 등을 통해 볼 수 있다.

이처럼 열악하고 힘든 과정을 참고 견뎌내며 번 돈을 함부로 쓸 수 없었던 노동자들은 값진 노동의 대가로 받은 월급을 고스란히 조국으로 보냈다. 그 자금을 통해 산업이 성장하면서 일자리가 생겨 더 이상 해외로 나가 일하지 않아도 된 것이다. 그러나 수고 없이 지원받은 돈이나 복권 당첨 등으로 번 돈은 순간의 기쁨은 있겠지만 감사함은 덜 할 것이다. 그러므로 노동 없이 돈이 생기면 무분별하게 소비하게 되고 감사함을 느끼지 못하게 된다.

가정에서도 형편이 어렵고 힘들 때 일자리가 생기는 경우 그것을 어떤 자세로 대하느냐에 따라 삶의 질이 달라질 수 있다. 새로 찾은 일에 감사한 마음이 생길 때는, 출근하는 것이 기대되고 일할 수 있는 건강을 주심에 감사하며 기쁨으로 하루하루가 새롭게 다가올 것이다.

학부모가 자녀를 대할 때도 감사를 찾아보는 것은 자녀교육에 매우 중요한 일이다. 자녀가 건강할 때는 건강을 주셔서 감사하고, 몸이 불편할 때는 기도할 수 있어서 감사하고, 자녀가 좋은 성적을 받아오면 칭찬할 기회를 주셔서 감사하고, 성적이 떨어지면 깨달을 수 있어 감사하고, 친구와 좋은 교우 관계를 갖고 있으면 사회성을 잘하게 하여 감사하고, 친구와 다투어 힘들어하면 서로 다름을 이해하고 배울 수 있어 감사하는 학부모가 될 때, 자녀는 어떤 상황에서도 감사함을 배울 수 있을 것이다.

시편 136편은 26절로 되어 있는데 각 절마다 감사하라는 표현으로 되어 있다. 여기서 감사는 그의 인자하심에 감사하라는 것이다. 영어로 'His love endures forever'로 표현되어 있다.
어떤 상황에서도 하나님의 사랑은 영원히 지속된다. 예수를 믿어 구원을 얻은 사람들은 행위가 아닌 전적인 하나님의 은혜로 받은 선물이다. 매일의 삶 속에서는 불의한 일들을 겪기도 하고 행하기도 하며, 감정의 기복이 들쭉날쭉한다. 순간 좋아서 희희낙락하다가도 어느 순간 화를 참지 못하여 감정이 폭발하기도 한다. 그런 우리를 하나님은 인내하며 버리지 않고 사랑으로 품어주신다. 그러니 감사가 절로 나오는 것은 당연한 것이다.

"예수께서 예루살렘으로 가실 때 사마리아와 갈릴리 사이로 지나가시다가 한 촌에 들어가시니 문둥병자 열 명이 예수를 만나 멀리 서서 소리를 높여 예수 선생님이시여 우리를 긍휼히 여기소서 하거늘 보시고 가라사대 가서 제사장들에게 너희 몸을 보이라 하셨더니 저희가 가다가 깨끗함을 받은지라 그 중에 하나가 자기의 나은 것을 보고 큰 소리로 하나님께 영광을 돌리며 돌아와 예수의 발아래 엎드리어 사례하니 저는 사마리아인이라"(누가복음 17:11-16)

예수님께서 열 사람의 병을 고쳐주셨는데 정작 찾아와 감사를 표한 사람은 이방인 한 사람밖에 없었다. 예수님께 돌아온 그 사람은 믿음으로 구원을 얻는 복을 누리게 된 것이다. 이런 사례가 비단 이들만이 아닌 우리도 같은 경우가 아닌지 되돌아봐야 한다.

살면서 만족스럽지 못한 일들을 만나게 될 때, 불평과 불만이 생긴다. 이런 상황을 있는 그대로 대하게 되면 가족의 평안이 깃들기 어려울 것이다. 하루의 일과는 그날의 날씨와도 같이 희로애락이 번갈아 생기기 때문에 매우 혼란스러울 것이다. 상황에 따라 절제하지 않고 수동적으로 반응하는 것은 인생을 풍요롭게 하기보다는 삶의 질을 떨어트린다.

　방학이 되면 부모는 자녀와 함께하는 시간이 많아진다. 방학 동안 알찬 시간을 보내기 위해 학부모는 자녀와 함께 계획을 세우기도 하지만, 또 다른 유형의 학부모는 자녀에게 그동안 수고했으니 하고 싶은 것을 맘껏 할 수 있도록 자유를 줄 수도 있다.

　모든 것이 그렇듯이 어느 한쪽으로 치우치는 것은 바람직하지 않다. 계획표를 짜놓고 그것을 이루기 위해 강요하여 자녀의 감정을 상하게 하면 얻는 것보다 잃는 것이 많을 수 있다. 한편 맘껏 하고 싶은 대로 자녀를 방치한다면 부모로서의 역할에 또한 문제가 있을 수도 있다.

　방학이란 학기를 마치고 건전한 발달을 위해 심신의 피로를 덜어주기 위해 장기간 수업을 쉬게 하는 기간이다. 그런데 요즘은 방학 동안 학생들이 쉬기보다는 부모의 기대를 채울 수 있도록 사교육으로 내몰린다고 한다. 이런 상황에서 감사가 나올 수 있고 행복하다고 느낄 수 있을까?

　자녀의 마음을 헤아려 주고 필요를 채워줄 때 좋은 학부모가 되는 것이다. 자녀가 학교에 다니면서 방학이 되면 꼭 하고 싶은 것이 무엇인지 미리 알아보고 부모에게 도움을 받고자 하는 것이 무엇이 있는지 알아보는 것이 중요하다. 자녀가 요구한 것들을 잘 들어주고, 자녀와 자연스럽게 소통이 될 때 자녀는 부모가 자신을 존중해 준다는 것을 알게 될 것이다. 그렇게 되면 자녀는 부모에게 고마움과 감사한 마음을 갖게 된다.

교육은 배워 알게 된 것을 머릿속에 간직만 하는 것이 아니다. 그것을 표현할 수 있을 때 진정한 교육이 되는 것이다. 부모와 자녀가 함께 마주하며 서로의 마음을 교감하는 그 자체가 교육이다. 이러한 시간을 갖는 가정은 결코 자녀가 탈선하지 않고 올곧게 자라게 된다.

서로 대화가 필요하다고 하지만 대화하는 부모가 어떤 기준으로 자녀를 대하느냐가 중요하다. 사람마다 각기 다른 생각과 다른 기질이 있다. MBTI 검사를 받아본 사람이라면 16개의 유형이 있고 같은 유형이라도 각 사람마다 그 안에서도 서로 기질과 성향이 다르기 때문에 다른 사람들의 의견을 수용하는 것 자체가 쉽지 않다는 것을 알 것이다.

기준이 서 있을 때는 그 기준에 근거하여 대화를 하면 보다 효과적이고 효율적으로 대화가 진행될 수 있다. 그러기 위해서는 그 기준이 무엇인지 알아야 하고, 기준을 알면 그것에 적응하도록 노력해야 한다.

어떤 문제가 발생하면 그에 대한 진단은 사람마다 다르므로 해결이 쉽지 않다. 그래서 전문가를 찾는 것이다. 세상적인 문제는 이처럼 전문가를 찾아 해결할 수 있지만 심리적이고 추상적인 것은 쉽게 해결되지 않는다.

이럴 때 답을 줄 수 있는 분은 하나님이시고 그분의 말씀이 담겨 있는 것이 성경이다. 그러므로 성경을 통해 문제의 실마리를 찾아가도록 해야 한다. 하나님은 우리의 기도를 들으시고 심지어 우리가 표현하지 않은 마음까지 감찰하시는 분이시다. 그런 분과 함께 할 때 시편의 기자가 감사하라고 했던 것처럼 우리의 입술을 통해서 감사의 고백이 있게 된다.

감사의 11가지 표현

"날마다 일어나는 기적에 감사를 표현하는 것,
그것이 매 순간을 특별하게 만드는 가장 좋은 방법이다."
— 웨인 다이어(Wayne Dyer)

"삶을 바꾸기 위해 할 수 있는 일 중 한 가지는
가진 것에 감사하는 것이다.
많이 감사할수록 더 많이 얻게 될 것이다."
— 오프라 윈프리(Oprah Gail Winfrey)

"기쁨의 초석은 감사다.
기쁜 일이 우리를 감사하게 하는 것이 아니라
감사하는 태도가 우리를 기쁘게 한다."
— 데이비드 슈타인들 라스트(David Steindl-Rast)

"아무리 후회해도 과거를 바꿀 수 없고,
아무리 걱정해도 미래를 바꿀 수 없지만,
무한한 감사는 현재를 바꿀 수 있다."
— 무명(無名)

"가진 것에 만족하고 지금의 형편에 기뻐하라.
부족한 것이 없다는 사실을 깨달을 때,
온 세상이 당신의 것이 된다."
— 노자(老子)

"교만은 감사하는 마음을 죽인다.
그러나 겸손한 마음은
감사가 자연히 자라게 하는 토양이다."
- 헨리 워드 비처(Henry Ward Beecher)

"감사하고 받는 자에게는 풍성한 수확이 따라온다.
말만으로서 감사하는 것은 믿을 만한 것이 못된다.
진정한 감사는 마음으로 감사하고 행동으로 나타내라."
- 블레이크(Blake)

"세상에서 감사를 표하는 이의 행동보다
더 아름다운 것은 없을 것이다."
- 라 브뤼에르(La Bruyère)

"항상 네 감사하는 일을 처음에는
하늘에 하고 다음에는 땅에 하라."
- 데이비드 토마스(David Thomas)

"감사의 의무를 다했다 해서
누구나가 은혜를 잊지 않고 있다고 자만할 수는 없다."
- 라 로슈푸코(la Rochefoucauld)

"감사하는 마음은 가장 위대한 미덕일 뿐만 아니라,
다른 모든 미덕의 근원이 된다."
- 키케로(Cicero)

칭찬과 격려를 하자

자녀를 볼 때 칭찬할 만한 좋은 점들이 많이 보이는지, 잘못된 점들이 눈에 더 많이 띄는지 살펴보자. 칭찬을 듣는 아이는 계속해서 칭찬을 듣고, 야단을 맞는 아이는 계속해서 야단을 맞는 것을 흔히 볼 수 있다. 왜 그럴까 생각해 보자.

칭찬을 듣는 자녀는 칭찬을 들을 때마다 좋은 기분이 들고 자신감을 갖게 되어 자신이 하는 행동이 인정받기를 원한다. 그러므로 의식적으로 더 신경을 쓰고 주어진 일을 잘 감당하고자 노력한다.

반면에 야단을 듣는 자녀는 자신이 뭘 해도 인정을 받지 못할 것이라는 패배 의식이 마음속에 있다. 그래서 자신감이 떨어지고 자신이 해야 하거나 지켜야 할 것들에 대해 무관심하거나 무력감을 느끼게 된다.

미국의 심리학자 캐럴 드웩(Carol S. Dweck)은 사회 심리학과 발달 심리학 분야에서 세계 최고로 인정받고 있는 「마인드셋」의 저자로 모든 인간은 자기의 존재에 대해 두 가지 믿음을 갖고 있다고 한다. 이는 성장형 사고방식과 고정형 사고방식으로 구분한다.

1978년에 일리노이 대학 연구팀은 다음과 같은 질문을 통해 인간의 사고방식을 구분하였다.
1. 사람이 갖고 있는 지능 수준은 대체로 고정되어 있어서 크게 바뀌지 않는다.
2. 아무리 학습을 많이 하더라도 지능 수준은 바꿀 수 없다.
3. 사람은 노력하는데 따라 얼마든지 지능 수준을 증진할 수 있다.
4. 현재의 지능 수준이 높아도 얼마든지 더 높게 증진 시킬 수 있다.

1, 2에 답한 학생은 고정형 사고방식의 유형이며, 3, 4에 답한 학생은 성장형 사고방식으로 나누었다.

성장형 사고방식을 갖고 있는 자는 실패를 두려워하지 않고 실패를 기회로 삼아 새로운 것을 배우고 도전하여 성장할 수 있는 사고방식이다. 이들은 자신이 갖고 있는 능력을 계속해서 개선하고 발전시키려 노력하며 부족한 부분을 보완하는 것에 긍정적 태도를 갖고 있다.

　반면 고정형 사고방식을 갖고 있는 자는 자신의 능력과 한계를 고정시켜 놓고 새로운 것에 도전하지 않고 실패에 대한 두려움을 느끼는 사고방식을 말한다. 이들은 노력해도 안 된다는 생각을 갖고 있어 도전하지 않으며 아예 포기한다.

　드웩 교수는 다음과 같이 말했다.
『너희들의 두뇌는 고정되어 있지 않다. 두뇌는 연습으로 힘을 키울 수 있는 근육과 같다. 열심히 노력하면 더 똑똑해질 수 있다. 너희들이 과거에 익힌 기술이나 능력을 생각해 보자. 그리고 그 능력을 익히는데 연습이 얼마나 중요했는지 기억해 보자.
　단시간에 무언가를 익힐 수 있는 법은 없다. 그러나 절대 포기하지 마라. 너희들의 두뇌는 연습을 통해 더 똑똑해질 수 있다.』

　학부모라면 누구나 자녀의 성적에 민감하게 반응한다. 좋은 점수를 받으면 기뻐하며 칭찬을 해주지만, 기대했던 것보다 성적이 나오지 않을 때는 말로는 "괜찮다"라고 하지만 뭔가 개운치 않은 느낌을 준다.
　좋은 학부모라면 결과보다 그동안 열심히 노력한 것에 대한 칭찬을 해준다. 공부하는데 투자한 시간과 노력을 높이 평가하여 결과를 맺기 전의 수고가 얼마나 값진 것인지 알려준다.

또한 낮은 시험 점수를 받으면 성장할 가능성이 그만큼 높아질 것이므로 더 많은 발전의 기회가 있으니 목표를 정하고 힘을 내서 다시 시작하자고 자녀에게 위로와 격려를 해줄 수 있는 여유가 있어야 한다.

고등학교 교장으로 섬기고 있을 때 다음과 같은 건학정신을 중점과제로 삼아 학교를 경영하였고, 지금 있는 학교에서도 동일한 교육철학을 담고 있다.
「기본에 충실한 학교
과정을 소중히 여기는 학교
꿈과 희망을 주는 학교」

학교에서 중간/기말 지필 고사를 치르고 났을 때, 학생들은 아는 문제를 틀렸다며 아쉬워하는 경우도 있고 혹은 시험 준비를 충분히 하지 못한 것에 대해 자책감을 갖기도 한다. 그럴 때마다 결과도 중요하지만, 틀린 문제들에 대한 오답노트를 작성하여 완전하게 자신의 것으로 만드는 것이 더 중요하다고 말하곤 한다. 시험은 그동안 공부한 것을 테스트하는 것으로 시험 준비를 통해 집중하여 자신의 것으로 만들어 지식을 내재화할 수 있도록 하는 데 주안점을 두어야 한다.

헤르만 에빙하우스(Hermann Ebbinghaus)의 '망각의 법칙'에 의하면 사람의 기억력은 1시간이 지나면 44%만 기억하고, 하루가 지나면 33%, 한 달이 지나면 21%만을 기억한다고 한다. 시간이 지날수록 급격히 기억이 손실된다는 것이다. 그러므로 지식이 내재화되어 상식이 될 수 있도록 반복 학습이 필요하다.

1시간 공부한 후 10분 복습하면 하루 동안 기억하는 효과가 있고, 1일 후 10분의 복습은 일주일간 기억을 유지하는 효과가 있다고 한다. 이러한 것들을 생각해 볼 때 반복 학습이 중요하다. 그런데 사람은 시험이 아니면 배운 것을 다시 익히려는 노력을 하지 않기 때문에 시험이 필요하다.

결국 공부를 잘하는 학생은 그만큼 효율적으로 학습을 하여 내재화된 지식이 많은 반면에 성적이 저조한 학생은 기본 지식이 부족하여 학업에 대한 흥미와 집중력이 떨어지는 것이다.

자녀들 중에는 학업 성적이 우수한 자녀도 있고 학업보다는 운동이나 다른 분야에서 뛰어난 자녀도 있을 것이다. 좋은 학부모라면 학업이 우수한 자녀에게는 좋은 성적을 칭찬하되 자만하지 말고 겸손해지고 또한 전인격적인 사람으로 성장할 수 있도록 지원해야 한다.

반면 학업 성적이 떨어지는 자녀에게는 공부에 대한 압박을 주는 대신 잘하는 부분을 찾아 그 분야를 전문적으로 할 수 있는 길이 있음을 알려주어 자부심을 갖도록 해야 한다.

「칭찬은 고래도 춤추게 한다」라고 할 정도로 긍정의 힘이 큰 것은 틀림없지만, 칭찬을 너무 자주 하면 칭찬 노예가 된다는 말과 칭찬 중독이 된다는 말도 있다. 좋은 학부모가 되기 위해서는 이러한 말을 귀담아들어야 할 필요가 있다.

칭찬을 과하게 받고 자란 아이는 칭찬을 받기 위해 잘 하는 것에만 집착할 수 있어서 칭찬 노예가 되는 경우가 있다. 이들 중에는 실패가 두려워서 힘들고 어려운 것은 도전조차 하려고 하지 않기 때문에 칭찬을 하는 것도 과하거나 형식적인 것에 그쳐서는 안 된다.

칭찬받을 만한 것이 아닌데 건성으로 '잘했다'고 한다면 듣는 아이도 별 감흥을 느끼지 못할 것이다. 그러므로 칭찬도 칭찬받아야 할 확실한 명분이 있을 때 마음을 담아서 해야 한다.

마태복음 25장에는 달란트 비교가 나온다.
어떤 사람이 타국에 갈 때 세 사람에게 재능대로 각각 금 다섯 달란트, 두 달란트, 한 달란트를 맡기고 떠났다. 다섯 달란트를 받은 자는 그것으로 장사하여 다섯 달란트를 남겼고, 두 달란트를 받은 자도 그같이 하여 두 달란트를 남겼지만, 한 달란트를 받은 자는 그것을 땅을 파서 감추어 두었던 것이다.

주인이 돌아와서 장사를 하여 받은 달란트만큼 더 남긴 자들에게는 "착하고 충성된 종아 네가 작은 일에 충성하였으매 내가 많은 것으로 네게 맡기리니 네 주인의 즐거움에 참예할찌어다"라고 칭찬하였지만, 한 달란트를 받아 그것을 숨겨둔

자에게는 "악하고 게으른 종"이라며 꾸짖는 것을 본다.

  칭찬해야 할 때 칭찬하고, 격려해야 할 때 격려해야 한다. 칭찬을 받는 아이들은 인정을 받았다는 것 때문에 자신감이 높아질 것이고 동기유발이 되어 자신감을 갖고 적극적이며 자기주도적으로 하는 일을 감당할 것이다.

  글로벌 시대가 되면서 국제교육진흥원 주관으로 국내에 있는 교사들을 대상으로 해외 연수생을 선발하여 해외로 보낸 적이 있다. 나 역시 다행스럽게도 연수 대상자로 선발되어 영국에서 연수를 받은 적이 있다. 그곳에서 수업을 받으면서 느낀 점은 교수들의 질문에 답할 때 그들의 반응은 항상 "Good Job!"이었다는 것이다. 맞고 틀린 것이 아니라, 질문에 대한 답변에 그렇게 생각할 수 있을 것이라며 긍정적인 피드백을 해주는 것이 인상적이었다. 국내 외국어 연수원에 파견된 원어민 교사들 역시 같은 방식으로 교육하는 것도 볼 수 있었다.
  자녀를 교육할 때 호기심을 갖고 스스로 찾아 배울 수 있는 기회를 주는 것은 다름 아닌 칭찬과 격려라는 것을 잊지 말아야 할 것이다.

어떻게 칭찬해야 하는지 기법을 알아보자

● 첫째, 관심을 갖고 면밀히 관찰해야 한다.

칭찬은 사랑하고 관심이 있는 사람에게 하는 것이다. 부모는 자녀를 눈에 넣어도 안 아프다고 한다. 자녀가 무엇을 하고 있는지 어떤 상황인지 부모가 살펴볼 때 사랑할 근거가 생기는 것이다.

누가복음 19장 5절에서는 예수님께서 뽕나무에 올라가 있는 삭개오를 보고 "삭개오야 속히 내려오라 내가 오늘 네 집에 유하여야 하겠다"라고 하신다.

삭개오는 예수를 만나보고 싶었지만 키가 작아 사람들에게 가려 볼 수 없게 되자 뽕나무에 올라간 것이다. 그의 모습을 보신 예수님은 삭개오를 면밀히 관찰하고 계셨음을 알 수 있다.

● 둘째, 말에 경청을 해야 한다.

누가복음 19장 8절에서는 "주여 보시옵소서 내 소유의 절반을 가난한 자들에게 주겠사오며 만일 뉘 것을 토색한 일이 있으면 사배나 갚겠나이다"라고 하는 삭개오의 말을 경청하시는 모습을 볼 수 있다.

● 셋째, 내면을 살피고 긍정적인 면을 찾아야 한다.

삭개오가 예수께서 네 집에 유하겠다고 하신 말에 어떻게 반응하는지를 살피신다. 누가복음 19장 6절 "급히 내려와 즐거워하며 영접하거늘"을 보면 예수님은 삭개오의 맘속을 들여다보고 그를 어떻게 대할지 판단하신 것이다.

● 넷째, 칭찬은 구체적이고 짧고 간결해야 한다.

예수께서 삭개오를 관찰하고 그의 말을 들어보고 그의 깊은 마음을 헤아려 본 후 그에 대한 보상으로 누가복음 19장 9절에서는 "오늘 구원이 이 집에 이르렀으니 이 사람도 아브라함의 자손임이로다"라고 축복하며 칭찬한다.

칭찬을 할 때는 듣는 사람이 바로 알아차릴 수 있도록 명확하고 간결하게 해야 한다.

언젠가 학생을 칭찬한 적이 있는데, 그가 무슨 말인지를 되물어서 좀 당황한 적이 있다. 중요한 포인트보다 수식어가 장황하였기에 무슨 말을 하고 있는지 물어본 것이다. 이 사건을 계기로 칭찬하는 것은 구체적이되 가능한 짧고 간결해야 함을 깨달았다.

● 다섯째, 적절한 상황에 즉시 해야 한다.

예수님이 삭개오에게 칭찬한 것을 살펴보았듯이 분위기와 타이밍을 잘 맞춰 구원이 그의 집에 임하였다고 한다. 만일 예수님이 바로 축복의 칭찬을 하지 않았다면 삭개오는 자신이 예수님께 고백하였던 것에 대해 후회할 수도 있고 뭔가 석연치 않게 느꼈을 수도 있었을 것이다.

인내하며 기다리자

사람의 성품은 얼마나 참고 인내하느냐에 달려있다고 해도 과언이 아니다.

그리스 철학자 아리스토텔레스(Aristoteles)는 "인내는 쓰고 열매는 달다(Patience is bitter, but its fruit is sweet)"라는 명언을 남겼다. 인내하는 것이 얼마나 힘든 것인가를 생각하게 하는 말이다. 인내는 환난 즉 고난으로 인해 참고 견뎌야 하는 것이다.

> "우리가 환난 중에도 즐거워하나니 이는 환난은 인내를, 인내는 연단을, 연단은 소망을 이루는 줄 앎이로다"(로마서 5:3-4)

부모가 자녀를 양육하면서 자신의 뜻대로 되지 않을 경우가 많을 것이다. 어려서 말도 잘 듣고 기쁨을 선사했던 자녀였는데, 어느 순간부터 맘에 들지 않는 말과 행동을 한다. 참다못해 화가 치밀어 오르기도 하고 참자 참자하며 기다려 준 적도 여러 번 있을 것이다.

그러다가 자신도 모르게 버럭 화를 내면 그동안 공들여왔던 것이 한순간에 무너지고 후회만 남게 된다. 화를 내면 한두 번은 자녀에게 효과가 있지만, 반복되면 자녀에게 상처가 되어 관계가 깨지기 쉽다.

에베소서 4장 26절은 "분을 내어도 죄를 짓지 말며, 해가 지도록 분을 품지 말고"라고 말씀한다. 화를 내는 것은 인간의 죄성이 있기 때문이다. 화를 낼 때는 마귀가 틈을 타서 분을 참지 못하도록 만들기 때문에 성령의 능력으로 분을 다스려야 한다.

화는 일종의 심리적인 환난이다. 화를 참아야 한다지만 그것이 쌓이면 화병이 생긴다. 화병은 현대인들이 많이 겪고 있는 심리적 질환이라고 할 수 있다. 화병을 치료하기 위해 병원이나 상담소를 찾아가 상담을 받곤 한다. 상담을 한자로 표기하면 相談으로, 이는 쌓였던 화를 말로 풀어낸다는 의미를 담고 있다.

그러나 성경에서는 그럼에도 불구하고 분을 내더라도 해가 지도록 분을 품지 말라고 한다. 인간관계에게는 분이 필요할 때도 있다. 그런데 '적당한' 정도로 분을 내는 것은 어렵다. 대체로 화를 내면 죄를 짓게 된다. 화난 상태에서 말하고 행동하면 꼭 후회를 남기게 된다. 화가 나더라도 죄짓는 일을 막아야 한다. 그러기 위해서는 분노를 그날이 지나도록 곱씹지 말아야 한다.

  예를 들어 주위 사람에게 화가 났다고 해서 화가 난 상황을 곱씹으면 지난번 일까지 끌어들여 그 사람을 더 미워하고 복수하고자 하는 마음이 생기므로 단호히 끊어 내야 한다.

  분노의 상황을 계속해서 묵상하면 마귀(사탄)가 우리의 왕 노릇을 하게 된다. 분이 쌓이면 자신의 마음에 병이 될 뿐 아니라 주변 사람에게도 나쁜 영향을 미치게 된다. "분을 내어도 죄짓지 말라"라는 말을 다시 되새겨보면 인간이기 때문에 분을 낼 수 있지만 마음속에 오래 간직하지 말라는 뜻이다.

  자녀에게 화를 낼 때는 참다못해 그렇게 했다고 할지라도 곧 차라리 참고 기다리면 좋았을 걸 하며 후회하게 된다.
  자녀가 아직 성숙하지 못한 상태에서 부모가 하지 말라는 게임에 빠진다든가 나쁜 모임에 들어가 문제를 일으키는 경우가 있을 수 있다. 자녀에게 훈계를 하다가 그것도 효과가 없자 손찌검을 하는 경우가 있다. 이런 경우는 상황을 더욱 악화시켜 자녀에게는 심리적, 정서적으로 심한 배신감과 상처가 남게 되어 평생 관계가 어렵게 될 수도 있다.

  자녀교육 문제로 힘든 상황이 오더라도 참고 기다려야 한다. 자녀를 혼내고 타이르기 전에 하나님 앞에 나아가 기도하고 나 자신의 지도에는 문제가 없는지 점검해야 한다. 그리고 하나님 앞으로 나아가 기도하며 성령으로 다스려주시길 바라는 것이 가장 좋은 방법이다. 성령님이 함께 하면 문제를 해결할 수 있다. 문제를 참고 인내하고 이겨내어 그것이 연단이 되고 최종적으로 하나님이 일하실 것을 믿는 소망이 생기는 것이다. 그것이 하나님이 원하고 바라는 진정한 가정이다.

자녀로 인한 문제가 발생했을 때 학부모 스스로가 참 부모가 되지 못해 발생했다고 생각하는 경우는 드물다. 학부모가 자녀의 마음을 제대로 읽을 수 있다면 큰 문제로 번지지 않게 될 것이고, 쉽게 해결할 수 있는 문제를 해결하지 못해 문제가 악화되기도 한다.

우리는 사람의 마음을 헤아린다는 것이 얼마나 어려운 일인지 알 것이다. 자신에게서 태어난 자녀지만, 부모도 자녀를 잘 알 수 없는데 학교에 보낸다고 해서 선생님이 부모보다 학생을 잘 알 수 있겠는가?

부모의 잔소리가 심하면 자녀는 자신을 몰라준다면서 "알지도 못하면서…. 모르면 가만히 계세요"라고 중얼댄다. 이 말을 들은 부모는 자녀에게 무시당하는 느낌이 들어 더욱 괘씸하고 야속한 생각이 들 것이다.

문제를 야기하는 것은 서로를 알지 못하는 무지에서 생겨나는 것으로 학부모가 더욱 하나님 손에 붙들려서 분별력을 갖고 참고 인내하며 하나님이 주실 평안을 소망으로 갖고 기다려야 한다. 해결의 열쇠는 바로 하나님께 있다.

"내 형제들아 너희가 여러 가지 시험을 만나거든 온전히 기쁘게 여기라 이는 너희 믿음의 시련이 인내를 만들어 내는 줄 너희가 앎이라 인내를 온전히 이루라 이는 너희로 온전하고 구비하여 조금도 부족함이 없게 하려 함이라 너희 중에 누구든지 지혜가 부족하거든 모든 사람에게 후히 주시고 꾸짖지 아니하시는 하나님께 구하라 그리하면 주시리라"(야고보서 1:2-5)

코로나로 사람들과 만나기 어려웠던 시기에 예전에 담임을 했던 학급의 졸업생들이 줌으로 만나자며 연락을 했다. 그렇지 않아도 궁금했던 터였기에 그리던 제자들을 설레는 마음으로 기꺼이 만나게 되었다. 어느덧 어른이 되어 가정을 이루고 자녀들을 양육하고 있었다. 서로 안부도 물어보며 어떻게 지내고 있는지 알 수 있는 계기가 되었다.

각각의 제자들의 삶을 들으면서 느꼈던 것은 학생들을 섣불리 판단해서는 안 된다는 것이다. 눈에 드러나지 않았던 학생이 유명 인사가 되어 그 분야에서 모르는 사람이 거의 없을 정도로 변했고, 해외 선교사로 나가 현지에서 열심히 사역하는 제자도 있었다. 또 교사 공무원, 사회복지사, 예능 사업 등 다양한 분야에서 활동하는 모습들을 보았다. 얼마나 대견하게 살아가고 있는지 자랑스럽고 보람이 있었다.

 졸업생들에 대한 여러 소식들을 여러 경로를 통해 자주 접하는 편이다. 학교에 명사초청 특강이 있는데 배민(배달의민족)에 이사로 있는 졸업생이 왔다는 것이다. 누군지 물어봤더니 내가 담임을 했던 제자였다. 그 제자가 강의를 하면서 자신은 학교 다닐 때 아주 평범한 학생이라 담임선생님이 자신을 기억하지 못할 거라고 생각한다고 말했다. 제자들은 나의 형제이며 자녀와 같이 생각하고 있었는데 '내 마음을 모르는구나'라는 약간의 서운함이 있었지만, 잘 성장한 모습을 보니 대견하고 자랑스러웠다.

 이처럼 부모도 자녀를 현재의 모습이 아닌 미래에 아름다운 꽃을 피우고 열매를 맺을 것을 기대하면서 바라보아야 한다. 비록 지금은 부족하고 미래가 불투명해 보이지만 몇십 년 후에 어떻게 변할지 상상만 해도 기대가 될 것이다. 현재의 부족한 면을 보고 자녀의 미래를 섣불리 판단하는 오류를 범하지 말아야 한다.

 「나는 하나님의 가능성이고 싶다」라는 책을 쓴 조현영 군의 경우를 소개하고자 한다.
 그는 초등학교 시절에 공부보다는 춤과 음악에 빠져 있던 학생이었는데, 중3이 되던 해에 미국 유학길에 올랐다. 영어에 대한 준비 없이 진행된 유학이었기에 적응하기가 쉽지 않았다. 처음 치른 영어시험에서 빵점을 맞는 쓰라린 경험을 하게 되었고, 영어선생님으로부터 명문 대학은 도저히 불가능하다는 말을 듣고 울며 간절히 기도했다. 그는 하나님의 지혜를 받는 놀라운 기적을 체험하였고, 마침내 미국의 명문 대학 중 하나인 스탠퍼드 대학교에 합격해 한 장학 재단으로부터 전액 장학금을 받는 축복도 누리게 되었다.

자녀를 키울 때 자녀가 부모의 기대를 채워주지는 못해도 속을 썩이지는 말아야 하는데, 자녀는 사춘기를 지나면서 자아가 성장해 부모에 대한 반항심을 갖기도 한다. 그 시기에 여러 방법을 동원하지만 쉽게 변하지 않는 자녀를 보면서 부모는 지칠 대로 지칠 수도 있다. 사람의 방법을 동원하면 할수록 더욱 일이 꼬이고 더 많은 스트레스를 받는 경우도 있다.

이와 같은 시험과 환난을 이기려면 하나님께 지혜를 구해야 한다. 야고보서 1장 12절은 "시험을 참는 자는 복이 있도다 이것에 옳다 인정하심을 받은 후에 주께서 자기를 사랑하는 자들에게 약속하신 생명의 면류관을 얻을 것임이니라"라고 말씀한다. 그리고 13절과 14절에서는 하나님이 시험을 주는 분도 아니고 악에게 시험을 받지 않는다고 한다. 단지 시험은 자기 욕심에 끌려 미혹되었기 때문이라고 하는 말을 되새길 필요가 있다.

결국 자녀의 문제로 힘들어하는 학부모는 연약한 믿음과 자녀에 대한 지나친 욕심 때문이 아닌지 되돌아봐야 한다.

앞서 야고보서의 말씀처럼 시험은 자신의 욕심에서 나온다는 것을 기억해야 한다. 욕심과 열정은 다른 것이다. 욕심은 분수에 넘치게 무언가를 탐내거나 누리고자 하는 마음을 뜻한다. 반면 열정은 어떤 일에 열렬한 애정을 가지고 열중하는 것이다.

자녀교육에 있어서 욕심이 배제된 순수한 열정으로 인내하며 기다려 줄 때 자녀의 숨겨진 재능을 발견할 수 있다. 자녀를 현재에 보이는 모습이 아닌 미래에 어떻게 멋지게 하나님께서 다듬어 쓰실 것인가를 기대할 때 자녀가 더욱 사랑스러워지는 법이다.

인내에 대한 명언

"현명한 사람은 그가 찾아낸 기회보다 더 많은 기회를 만든다."
— 프랜시스 베이컨(Francis Bacon)

"인내할 수 있는 사람은 그가 바라는 것은 무엇이든 손에 넣을 수 있다."
— 벤자민 프랭클린(Benjamin Franklin)

"우리의 미래는 현재 무엇을 하고 있느냐에 달려있다."
— 마하트마 간디(Mahatma Gandhi)

"실패는 성공의 어머니이다."
— 토마스 에디슨(Thomas Alva Edison)

"가장 비참한 것은 앞날에 대한 불안감으로 이미 불행해져 있는 마음이다."
— 세네카(Lucius Annaeus Seneca)

"인내란 긴 레이스가 아니라 수많은 짧은 레이스가 이어지는 것이다."
— 월터 엘리엇(Walter Elliot)

"성공한 사람과 그렇지 않은 사람의 차이는 힘의 부족이나 지식의 부족이 아니라 의지의 부족이다." – 빈스 롬바르디(Vince Lombardi)

"인내심은 운명을 정복할 수 있다." – 아일랜드 속담

"인내심은 기다리는 능력이 아니라 기다리는 동안 좋은 태도를 유지하는 능력이다." – 조이스 마이어(Joyce Meyer)

있는 그대로 사랑하자

 자녀교육에 대한 많은 책들이 있고 의견도 다양하다. 책을 읽거나 다른 사람들의 말을 들으면 그 나름대로 일리가 있다. 특히 방송을 보면 보다 확신이 들곤 한다.
 이러한 것들을 보면서 모든 교육이 동일한 방식으로 가능한 것인지 묻지 않을 수 없다. 같은 가정에서 태어난 자녀들도 개인이 갖고 있는 개성과 기질 및 특성에 따라 다르다는 것을 다 자녀를 둔 가정에서는 너무 잘 알 것이다.
 나 역시 똑같은 환경에서 여러 형제 속에서 자랐고, 자녀들도 똑같은 환경에서 자랐지만, 모두 각기 다른 모습으로 성장하였고 자라고 있는 것을 볼 수 있다.
 천재 과학자 토마스 에디슨은 "천재는 1%의 영감과 99%의 노력(one percent inspiration and ninety-nine percent perspiration)"이라고 말

한다. 에디슨이 말하고자 했던 것은 "가치가 있는 일, 즉 정확한 동기나 목표, 지향점에 큰 노력을 기울여라"라는 뜻으로 결론은 노력과 영감 둘 다 중요하다는 것이다.

그런데 에디슨이나 아인슈타인과 같은 천재들은 자신을 기준으로 말하는 것으로 그들의 말을 자녀에게 적용하려는 시도는 잘못된 것이다. 이들은 노력을 강조하지만, 그들에게는 일반인보다 많은 호기심과 상상력이 있었기에 밤잠 자지 않고 노력할 수 있었던 것이다.

나는 기계나 설비 같은 일에 재능이 없는 편이므로 물건이 고장 나거나 시설에 문제가 있을 때 그것을 고치거나 설치하는데 얼마나 고생을 하는지 모른다. 그런데 그러한 분야에 소질이 있는 사람들은 그런 일을 그다지 힘들이지 않고 가뿐히 해낸다. 그들에게는 오히려 그러한 일을 하는 것이 편하다고 한다.

만일 내가 그들이 하는 일을 해야 한다면 많은 스트레스를 받을 것이고 하루하루가 얼마나 힘에 부칠까 싶다.

자녀들의 미래를 위해 학부모가 얼마나 공을 들이고 있는지 모두가 공감하는 부분이다. 부모는 아이가 태어나기도 전인 태교부터 자녀의 두뇌를 좋게 하는 것이라면 무엇이든지 한다. 이렇게 태어난 아이는 학교에 가면서부터 사교육으로 내몰려 어린 시절에 누려야 할 자신의 세계는 없어진다. 그리고 아이는 어른과 같은 취급을 받는 기현상이 생겨난다.

  자녀를 양육하는데 필요한 여러 가지 팁이 있지만 그중에서 자녀의 특성과 기질 그대로 그리고 본인이 좋아하고 잘하는 것을 할 수 있도록 도와주는 것이 좋다. 가능하면 부모가 판단하여 권하기보다는 자녀가 하고 싶은 것을 찾아보고 선택할 수 있도록 주도권을 자녀에게 맡기는 것이 중요하다.

  부모는 자녀가 선택한 것을 존중하여 가능성을 찾아보고 지원해야 할 것이 있는지 살펴보아야 한다. 자녀가 선택한 것이 맘에 들지 않을 수도 있지만, 자녀가 스스로 선택한 것을 최선을 다해 이루도록 칭찬과 격려로 힘을 실어 주는 것이 부모의 역할이다.

  공부할 때 본인이 생각하기도 전에 일방적으로 답을 알려주면 배움에 대한 즐거움이 떨어질 뿐 아니라 자기 주도적인 학습을 할 수 없게 된다.

  예전에는 교사 중심의 수업 방식으로 학생들을 지도했다. 이러한 교육 방식에 대한 문제점들이 제기되면서 직접 체험하고 질문과 토론을 중시하는 수업으로 변모하고 있다.

  이스라엘의 수업 방식인 하브루타(havruta)는 이러한 것들을 잘 충족시키는 것으로 수업 중 학생 중심의 토론 수업을 진행한다. 학생 참여적 수업방식을 통해 대화가 토론이 되어 실제 실험도 해보고 그 결과를 함께 나누는 것이다. 이런 수업은 자신이 알고 있던 것과 다른 학생들이 알고 있던 것들을 상호 토론을 통해 사고력과 발표력을 키우고 지적 능력을 키워나갈 수 있는 방식이다.

핀란드의 교육 방식은 경쟁이 아닌 성장 위주의 교육을 지향하고 있다. 다시 말해 기준 학력에 미치지 못한 학생들을 국가나 학교가 개별적으로 지도하여 목표의 수준까지 끌어올리는 방식이다. 그래서 중학교를 졸업했다고 하면 학생들이 정해진 목표에 모두 도달하도록 진행하는 수업방식이다.

내가 근무하는 학교도 한 교실에 모인 서로 다른 수준의 학생들을 위해 어떻게 수업을 진행하는 좋을지 고민했다. 궁극적으로는 학생이 수업의 주체가 되고 능력별로 차등 없이 수업을 진행하는 방식을 찾았고 그 결과 자기 주도형 수업방식을 도입하게 되었다.

독서와 국어는 가능한 학생들이 스스로 책을 읽고 독서록을 작성하고 독서장에 읽은 내용을 요약하여 발표하도록 하였고, 영어는 학년 구분 없이 레벨별로 반을 편성하여 수업을 진행하도록 하였다. 수학은 선생님이 기본 원리를 알려주고 스스로 문제를 풀게 한 후 진단평가를 통해 기준 점수 이상을 맞은 학생들은 다음 단계로 올라가도록 하고, 틀린 문제들은 교과 선생님이 개별적으로 지도하는 방식으로 수업을 진행한다.

사회·과학 교과는 다뤄야 할 주제들을 학생들에게 미리 알려줘 조별 혹은 개별 학생들이 제시된 주제와 관련된 내용을 찾아 정리하여 발표하게 하는 프로젝트 수업을 진행하고 있다. 이를 통해 학생들은 종전과 달리 스스로 찾아 연구하면서 자신감이 생기고 보람을 찾는 협동 수업을 하고 있다. 누구나 자신의 수준에 맞는 공부를 하고 목표하는 수준까지 이르도록 교사나 멘토가 도와주는 형태의 수업을 진행한다.

아이는 누구나 능력과 상관없이 존중받아야 한다.
능력이 부족한 학생들은 다음 단계에 오를 수 있도록 선생님이나 멘토의 도움을 받는다. 그래서 어느 순간에 자신이 스스로 생각하고 문제를 해결해 나갈 수 있는 능력을 갖추게 된다.

"또 지나가시다가 알패오의 아들 레위가 세관에 앉아 있는 것을 보시고 저에게 이르시되 나를 좇으라 하시니 일어나 좇으니라 그의 집에 앉아 잡수실 때에 많은 세리와 죄인들이 예수와 그 제자들과 함께 앉았으니 이는 저희가 많이 있어서 예수를 좇음이러라"(마가복음 2:14-15)
이처럼 예수님은 사람을 차별하지 않으시고 세리와 죄인과 함께 한자리에서 식사를 하신다.

사무엘하 6장 18절과 19절에서 다윗은 번제와 화목제를 바치고 나서 만군의 여호와의 이름으로 백성을 축복한다. 다윗은 빵 한 조각과 고기 한 점과 건포도 과자 한 개씩을 남자든지 여자든지 모든 이스라엘 사람에게 나눠준다. 즉 남녀와 귀천을 차별하지 않고 모두에게 동등하게 나눠준다. 이는 하나님의 은혜는 믿는 사람 누구에게나 차별 없이 임한다는 사실이다.

예수님의 12제자를 살펴보자.

보통 제자가 되고자 하는 사람들이 스승을 찾아오는데, 예수님은 몸소 자신이 원하는 자를 부르셨다. 이렇게 선택받은 사람들은 가룟 유다를 제외하고 멸시와 천대를 받았던 갈릴리 출신들이었고, 어부 출신들이 많았다. 부족하지만 그들을 제자 삼아 그들이 예수님을 보고 배울 수 있도록 한 것이다.

예수님이 제자들을 불러주신 것처럼 하나님도 한 사람 한 사람을 부족하지만 차별하지 않으시고 불러주신다.

"누구든지 예수를 하나님의 아들이라 시인하면 하나님이 저 안에 거하시고 저도 하나님 안에 거하느니라 하나님이 우리를 사랑하시는 사랑을 우리가 알고 믿었노니 하나님은 사랑이시라 사랑 안에 거하는 자는 하나님 안에 거하고 하나님도 그 안에 거하시느니라"(요한1서 4:15-16)

요한복음 1장 12절은 "영접하는 자 곧 그 이름을 믿는 자들에게는 하나님의 자녀가 되는 권세를 주셨으니"라고 말씀한다.

각 가정에 있는 자녀들은 하나님께서 보내주신 소중하고 귀한 선물이다. 자녀들이 각자 받은 달란트가 있는데 그것을 찾아 다듬고 계발하여 하나님의 목적에 맞게 쓰임 받을 수 있도록 하는 것이 부모의 역할이다. 자녀를 통해 나의 영광이 되는 것이 아니라 하나님의 영광이 되도록 해야 한다. 그 영광은 목적의 부름에 자녀가 합당하게 사용될 때 주어지는 것이다.

부모의 욕심과 열심만으로 자녀를 교육한다면, 이것은 하나님의 자리를 대신 차지하려는 것으로 하나님이 일할 수 있는 것을 가로막는 격이 될 수 있다. 자녀를 있는 그대로 축복하고 소중히 대할 때 자녀는 더욱 용기가 생기고 갖고 있는 능력을 발휘할 기회를 얻게 된다. 누구나 좋게 보면 장점만 보이지만, 부족하다고 생각하면 단점만 보이는 것이다.

자녀가 하고 싶은 것과 부모가 바라는 것이 일치하지 않는 경우 누가 더 힘들까? 부모는 자녀를 설득해서라도 본인 뜻대로 이끌어가려고 할 것이고, 그것이 자녀에게 도움이 될 수 있을지 모르지만 자녀는 자신이 원하는 대로 할 수 있는 것이 없다는 것 때문에 좌절감이 들 수 있다.

부족하지 않은 사람은 아무도 없다는 것을 모르는 사람은 없지만 다른 사람의 부족함을 탓하지 않는 사람도 거의 없다. 그래서 '똥 묻은 개가 겨 묻은 개를 나무란다'라는 속담이 생겨난 것이다.

스스로 자신의 나약하고 부족한 부분들을 생각해 보자. 그런데 다른 사람이 자신의 아킬레스건을 건드리면 흔쾌히 받아들일 수 있을까? 아마도 쉽지 않을 것이고 상대를 야속하게 생각할 것이다.

예수님은 죄와 사망으로부터 그분을 믿는 자에게 보혈의 피로 새 생명을 주셨다. 다시 말해 우리가 흠이 없어서가 아니라 있는 모습 그대로 차별하지 않으시고 사랑하신 것이다.

잊지 말아야 할 것은 부모인 내가 너무 부족하니 지혜와 사랑이 충만하게 임하게 해달라고 기도해야 한다는 것이다. 함께하는 이 순간에 감사하고, 함께하는 가족을 주심에 또한 감사할 수 있어야 하며, 나를 언제나 어디서나 지켜 보호해 주시는 하나님께 감사하는 마음이 들 때, 우리 자녀를 있는 그대로 사랑할 수 있는 것이다.

자녀가 마음을 흡족하게 할 수도 있고, 때로는 마음을 힘들게 할 수도 있지만, 어떠한 상황 가운데에서도 자녀를 있는 그대로 사랑할 수 있는 마음을 지녀야 한다.

사랑은 모든 허물을 덮는다고 했다. 자녀를 원망하고 미워한다면 그 마음속에 진정한 사랑이 없기 때문이다. 사랑을 자녀에게 흘려보내면 자녀는 사랑을 먹고 자라게 되며 그 사랑을 또 다른 사람에게 흘려보낼 수 있다.

자녀 양육을 위한 학부모 10가지 지침

❶ 과잉보호를 하지 말라.
❷ 과잉 허락을 하지 말라.
❸ 실수를 용납할 줄 아는 관용을 갖자.
❹ 부부가 한마음으로 팀을 이루라.
❺ 사랑의 언어로 양육하라.
❻ 자녀의 자존심을 상하게 하지 말라.
❼ 자녀와 함께 행동 기준을 세우자.
❽ 행동에 책임을 지도록 하라.
❾ 부모의 감정을 함께 나눠라.
❿ 부모의 권위를 갖도록 하라.

자녀의 눈높이에 맞춰라

　자녀를 학교에 보낸 학부모들은 "애들 교육이 맘대로 안 된다", "대화가 안 된다"라는 말을 자주 한다. 거꾸로 자녀들은 "엄마는 내 맘을 모른다", "혼자 있게 그냥 놔둬요"라고 한다.
　부모의 표현과 자녀의 반응을 그냥 지나칠 것이 아니라 면밀하게 검토해야 한다. 부모 특히 엄마는 자신의 일방적인 생각으로 자녀의 미래의 목표를 정하고 그에 따른 계획을 세우는 경우가 많다. 부모의 머릿속에는 온갖 계획표가 가득 차 있어 자녀와의 대화는 엄마 의도대로 가야 한다는 것으로 끝나는 경우가 대부분이다.

　대화는 상대와 의사를 주고받으며 서로를 존중해야 건강한 대화가 된다. 그러나 자녀와 엄마와의 대화는 일방적으로 엄마가 자녀를 설득하려 하고 "다 너를 위한 것이다"라고 말하면서 엄마 뜻에 따라줄 것을 강요하곤 한다.

자녀는 나이가 들어 자아가 형성되면서부터 서서히 자기주장이 강하게 된다. 이때부터 부모의 일방적이고 무리한 요구에 대해 자녀는 호응하지 않고 심지어는 반항까지 하게 된다. 사춘기에 들어서면 부모가 간섭하는 것조차 싫어하고 자신의 미래에 대한 막연한 동경심을 갖게 된다. 부모의 헌신적인 노력과 지원이 오히려 자신을 힘들게 한다고 생각해 감사가 아닌 불평과 불만으로 이어질 수도 있다.

사춘기는 육체적인 성장과 정신적인 성장의 불일치로 발생하며 질풍노도의 시기라고도 한다. 이는 거친 바다와 화난 파도를 뜻하는 것으로 십대 청소년을 비유적으로 표현한 것이다. 청소년기의 특징 중 하나는 심리적인 면에서 좌절과 불만이 잠재하여 반항과 일탈을 서슴지 않으며 정서적인 동요가 심해 극단적인 생각과 과격한 감정을 자주 드러낸다는 것이다.

이러한 시기에 있는 자녀는 정상적인 상태가 아니므로 부모는 조심스럽고 사랑스럽게 접근해 혼란스럽고 아픈 마음의 상태를 어루만져 줘야 한다.

아이는 자라면서 성별과 나이, 주어진 환경과 타고난 기질 등에 따라 다양한 형태의 행동이 나타난다. 그러므로 사춘기 자녀의 마음을 헤아리는 것은 쉽지 않다. '열 길 물속은 알아도

한 길 사람의 속은 알 수 없다'라는 속담처럼 사람의 마음을 아는 것은 원래 어려운 일이다. 심지어 우리는 "내 맘 나도 모르겠다"라는 말을 자주 하기도 한다.

부모는 자녀를 양육할 때 보통 양육 지침서를 참고한다. 하지만 이는 자아가 형성되기 이전의 자녀에 한정된 내용들이다. 자녀의 자아가 형성된 후에는 그에 맞게 교육을 달리하는 것이 바람직하다.

여러 가지 교육 이론이 있지만, 이러한 이론은 시대사조를 반영한 것으로 개별적 교육보다는 전반적 교육 방법에 관련된 것이다. 각각의 경험을 바탕으로 한 행동주의 학습이론, 학습자의 자율적 주체성을 강조한 인지-발견주의 학습이론, 인간의 주관성과 독특성을 강조한 인본주의 학습이론, 다른 사람들을 관찰함으로써 학습한다는 사회적 학습이론과, 한 가지 내용의 학습결과가 다른 학습에 직접 혹은 간접으로 영향을 주는 학습전이 등의 창의성 학습이론에 이르기까지 각 시대에 맞게 교육 방법이 개선되고 발전하였다. 하지만 실제로 교육 현장에서는 아이가 처한 상태에 맞는 교육을 제공하는 것이 가장 바람직하다.

나는 일반계 공교육과 대안학교에서 근무하면서 어떻게 하면 학생과 학부모가 만족할 수 있는 학교를 만들 수 있을지 고민하였다.

학생들은 학교에서 또래 집단을 형성하면서 즐겁고 행복하게 생활하는 것을 볼 수 있다. 학생들이 행복한 것처럼 학부모도 행복한 학교를 만들 수는 없을까? 어떻게 하면 이런 형태의 학교가 가능한지 생각했다. 아마도 학교에서는 아이들의 눈높이에 맞춰 교육 과정을 편성해 지도하고, 가정에서는 학부모의 가정교육이 뒷받침된다면 가능할 것이다.

그런데 학교생활을 긍정적으로 행복하게 잘하다가도 학생 간에 갈등이 일어나는 경우가 있다. 이때는 학부모가 가정에서 자녀를 어떻게 대하느냐에 따라 학생의 학교생활 적응 정도가 확연히 달라진다.

다자녀를 둔 가정도 있고, 한 명의 자녀를 둔 가정도 있다. 다자녀 가정이 자녀를 교육하기 힘들 것이라고 생각하지만 그렇지만은 않다. 다자녀 가정의 아이들은 부모의 손길이 다 미치지 못하지만, 자녀들 사이에 서열이 있어 자연스럽게 질서가 잡히고 상호작용을 하는 가운데 교육이 이뤄진다.

다자녀 가정의 부모는 자녀를 편견 없이 공평하게 대하는 것이 중요하다. 그런데 그것이 쉽지 않다. 듬직한 자녀도 있고, 애교가 많은 자녀도 있고, 욕심이 많은 자녀, 잘 도와주는 자녀 등 다양하기 때문에 어떻게 자녀를 교육해야 하는지 고민스러울 수 있다.

아이는 부모가 자신을 잘 이해하지 못하고, 사랑을 받고 싶은데 사랑을 받지 못하거나 자신의 상황을 알아주지 못하면 속상해하고 관심을 받기 위해 돌출된 행동을 하는 경우가 있다.

 자녀교육에서 가장 영향을 주는 사람은 엄마다. 그러므로 무엇보다 어머니가 가능한 시행착오 없이 자녀를 양육하도록 노력해야 한다.

 아이는 어느 정도 자라면 어린이집에 가고 이것을 시작으로 학교라는 교육공동체에서 생활하게 된다. 그런데 아이들은 또래 집단과 함께할 때 가장 행복하다. 이유는 서로 대화가 통하는 또래 친구가 있어 서로를 이해해 주고, 갈등이 생길 때면 해결해 주는 선생님이 있기 때문이다.

 가정에서 눈여겨봐야 할 부분이 바로 이점이다. 어머니가 아이의 수준을 이해하고 대화를 나눌 때, 자녀의 수준에 눈높이를 맞춰줄 때, 자녀는 자신의 마음을 알아주고 이해하는 엄마를 좋아하게 된다. 이러한 관계가 형성되면 자녀는 놀이방이나 유치원, 학교 등에서 있었던 일들을 기쁘게 부모에게 전해줄 것이다.

 또래 집단이 아무리 좋다고 해도 친구와의 관계에서 어려움이 있고, 심지어 선생님과의 관계에서도 힘들어하는 경우가 있다. 때문에 자녀가 부모에게 공동체에서 있었던 어려움을 말할 때 이것을 듣는 부모의 반응이 매우 중요하다.

 자녀 문제로 인해 상담을 받은 경험이 있다면, 자녀 편에서 자녀의 말에 경청하고 지지해 주라는 조언을 들었을 것이다. 자녀 문제는 부모가 어떤 식으로 하느냐가 중요하다. 자녀의 마음을 헤아려 주는 것은 당연한 일이다. 하지만 상대를 비난하거나 흥분하는 것은 문제를 해결하는 것이 아니라 자녀가 남을 미워하고 상대의 잘못만을 찾으려는 바람직하지 못한 습성을 키우는데 일조하게 된다.

예를 들어 학부모와 자녀의 대화를 생각해 보자.

"오늘 학교에서 짝꿍과 싸웠어."

『왜? 무슨 일인데?』

"그 애가 과일을 갖고 왔는데, 좀 달라고 했는데 주지 않았어."

『그게 싸울 일이니?』

"내가 저번에 갖고 갔던 간식을 함께 나눠 먹었는데, 그 애는 혼자만 먹어서 돼지라고 놀렸더니 나한테 욕을 했어."

여기서 부모는 어떻게 반응해야 할까?

자녀의 짝꿍을 비난하며 『걔는 욕을 먹어도 싸네. 어떻게 그럴 수 있어. 너도 앞으로 그 아이에게 그렇게 대해』라고 했다고 치자. 이 말을 들은 자녀는 다음부터 무슨 일이 생길 때마다 불평과 불만을 늘어놓게 될 것이다.

부모는 아이의 눈높이에서 공감해 주고 아이의 든든한 편이 되어야 하지만 때로는 부모로서의 권위를 갖고 부모답게 대해야 한다.

『친구가 먹는 것을 보니 너도 먹고 싶었겠다. 좀 나눠주면 얼마나 좋았을까? 그런데 혼자 먹는 데는 이유가 있지 않았을까? 그 친구의 입장도 생각해 보는 것이 좋겠다.』

또는『엄마가 간식을 넉넉히 챙겨 줄 테니 혼자 먹지 말고 그 친구와 같이 나눠 먹으면 좋겠어』라고 말해주면 자녀는 어머니를 존경하는 마음이 들 것이다.

선생님과의 관계에서도 부모가 선생님에 대해 부정적인 말을 자주 하면 아이는 하교하여 집에 돌아오면 우선 선생님을 험담하고 선생님의 부당함을 찾아 엄마에게 고자질할 것이다.

반면 부모가 선생님에 대해서 긍정적이고 존중하는 태도를 보인다면 자녀는 선생님의 좋았던 점을 찾아 이야기할 것이다.

"오늘 그 선생님을 운동장에서 봤는데 나를 다정하게 바라보셔서 너무 기분이 좋았어요", "그 선생님 시간이 너무 좋아", "선생님 수업이 기다려져요" 등 부모에게 선생님에 대해 긍정적인 이야기를 할 것이다.

실제로 내가 근무하던 학교에는 기숙사생도 있고, 자취생도 있었다. 자취생의 경우에는 하교 시간에 엄마가 와서 함께 시간을 보내는 경우를 종종 볼 수 있었다.

어느 날 자율학습 시간에 학교 근처에서 서성이는 한 학부모를 만났다. 이내 나를 알아보시고는 학교 이야기를 하면서 학교가 너무 좋다고 말했다.

"어떻게 그렇게 말씀하세요"라고 물었더니 『아이가 학교를 너무 좋아해요. 저도 학교를 너무 잘 선택했다고 생각합니다』라고 답변했다.

학부모는 자녀가 하교하면 학교에서 있었던 일들을 나누곤 한다며 그 소식을 듣고 싶어 일과를 마치고는 아이의 자취방으로 한걸음에 달려온다고 했다.

이런 아이는 긍정적으로 자라게 될 것이고, 부모를 공경하고 사랑하며 학교에 대한 자부심도 많이 느끼게 될 것이다.

무엇이 건강한 가정인가?

부모와 자녀가 서로 마음을 주고받으며 그 가운데 사랑과 존경이 묻어날 때 행복하고 건강한 가정이 된다. 즐거울 때는 함께 기뻐하고 어려운 일이나 슬픈 일이 생길 때는 함께 아파하고 울어주는 가정이 하나님이 원하시는 가정이다.

아들이 대학생이었을 때의 일이다. 어느 날 아들이 학교에서 전화를 했다. 뭔가 걱정되는 목소리로 어렵게 말을 꺼냈다. 도서관에서 노트북을 놓고 자리를 비웠는데, 노트북이 없어졌다는 것이다. 그 노트북은 대학에 입학할 때 그 학과의 학생들에게 무상으로 나눠준 것으로 졸업할 때 반납해야 하는 값비싼 것이다. 아들의 전화를 받으며 노트북 관리를 소홀히 한 아들을 탓할 수도 있었지만, 어차피 벌어진 일이므로 아들의 마음을 달래며 위로했다.

"괜찮아. 노트북을 분실해서 마음이 힘들겠지만, 너무 신경

쓰지 마라. 노트북은 다시 살 수 있지만 아들의 마음이 힘들면 물질적인 손실뿐 아니라 더 큰 걸 잃게 되니 편하게 생각해"라고 말한 후 전화를 끊었다.

나중에 알아보니 엄마에게도 똑같이 전화를 걸어 상황을 설명했는데, 엄마 역시 노트북을 잃어버린 아들의 마음을 헤아려 주었다고 한다. 당시 아들은 노트북을 잃어버렸다는 속상함과 아쉬움을 부모로부터 위로를 받았기에 마음의 평안을 찾았다고 한다.

인간관계에서 가장 힘든 때는 상대가 자신의 상황을 알아주지 못할 때이다. 반면 자신의 처지를 이해해 주면 상대에게 좋은 감정을 갖게 된다.

에베소서 6장 4절에서는 "아비들아 너희 자녀를 노엽게 하지 말고 오직 주의 교양과 훈계로 양육하라"라고 한다. 부모가 자녀의 눈높이에 있을 때 자녀의 마음을 헤아려 줄 수 있고 상호 간에 사랑과 존중으로 온전한 가정이 세워질 수 있는 것이다. 그래야만 자녀를 말씀으로 양육할 수 있다.

요한복음 4장은 예수님이 유대를 떠나 갈릴리로 가는데 사마리아를 거쳐 가야만 했다고 말씀한다. 예수님께서 사마리아의 수가라는 마을 우물가에서 물을 길어 온 사마리아 여인과 나눈 대화를 살펴보면 다음과 같다.

"가서 네 남편을 불러 오라 여자가 대답하여 가로되 나는 남편이 없나이다 예수께서 가라사대 네가 남편이 없다 하는 말이 옳도다 네가 남편 다섯이 있었으나 지금 있는 자는 네 남편이 아니니 네 말이 참되도다"(요한복음 4:16-18)

예수님이 수가성 여인과 대화 중에 그녀의 마음이 열린 것은 그 여인을 올바르게, 아니 정확하게 알고 있었기 때문이다. 결국 이 여인은 자신이 바라던 메시아 즉 예수를 만나는 은혜의 축복을 얻게 되었다.

예수님이 죄인과 세리와 함께 식사를 하는 것을 보고 바리새인들이 비난을 한다. 당시 세리는 세금을 과하게 부가하여 부당이익을 챙기는 자들로 반역자로 낙인찍힌 자들이다. 그러다 보니 바리새인들에게는 이해가 되지 않았다. 이들의 비난에 예수님은 다음과 같이 대답하신다.

"건강한 자에게는 의원이 쓸데없고 병든 자에게라야 쓸데 있느니라 내가 의인을 부르러 온 것이 아니요 죄인을 부르러 왔노라 하시니라"

(마가복음 2:17)

예수님은 직업과 신분의 귀천과 상관없이 그들을 찾아가신다. 이처럼 그들을 차별하지 않으시고 오히려 부족한 자를 도우시고 고치시는 것을 본다.

학부모와 상담을 하는 경우가 종종 있었다. 학부모는 자녀에 대해 칭찬과 좋은 점들을 듣고 싶어 한다. 그렇다고 근거 없이 그렇게 할 수는 없다. 자녀가 대학 진학을 앞둔 부모였기에 어느 대학 무슨 학과에 갈 수 있는지 궁금해했다. 학생의 학업 성적과 학생 적성검사 등을 바탕으로 상담하게 되는데, 대부분 부모의 기대치에 미치지 못해 실망하는 경우가 많다.

하지만 미리 상담을 통해 자녀의 학업 수준을 잘 알고 있는 부모와의 진학 상담은 의미가 있고, 학부모와 학생 간의 소통도 원만하게 잘 이뤄지는 것을 보게 된다.

학부모는 자녀와 소통을 하고 싶은데 쉽지 않다고 말한다. 부모는 노력을 하지만 자녀는 듣는 둥 마는 둥 한 경우가 많다는 것이다.

왜 그럴까 생각해 보자.

부모가 자녀와 마주 앉아 대화를 할 때 자녀가 원하고 바라는 것이 무엇인지 고려하지 않고 대화를 하는 것이 문제다. 아이는 부모가 대화를 제안했을 때 이전에 부모가 했던 방식을 떠올린다. 말은 '대화'라고 하지만 부모 주도의 일방적인 훈계 및 계획 등으로 밀어붙이는 형태일 것이다. 이 상황에서 자녀는 무슨 말을 할 수 있을까? Yes or No의 답변만이 허용되는 분위기에서 진정한 대화는 불가능하다.

부모는 자녀와 소통하는 법을 알아야 한다. 이를 위해서는 그들의 가치와 문화를 알아야 가능하다. 그러므로 부모가 자녀에게 자녀 세대의 문화를 물어보고 그들이 추구하고자 하는 것이 어떤 것인지 이해하는 것이 중요하다.

'지피지기면 백전백승'이라는 말이 있다. 아이들에게 정말 들려주고 싶은 것이 있고 듣고 싶은 것이 있다면 좋은 관계 형성을 갖도록 노력해야 한다. 자녀가 원하는 것을 미리 준비해 깜짝 선물을 하는 것도 자녀의 마음을 사로잡을 수 있는 방법이다.

자녀가 부모와 함께 하며 마음속에 있는 것들을 풀어놓을 수 있는 분위기를 만든다면 진정한 대화가 가능할 것이다. 그리고 부모와 진정한 대화를 나누는 자녀는 절대 부모의 기대를 저버리지 않는다.

3

학부모 역할과 자녀교육의 목적

자기주도적인 삶을
살도록 해라

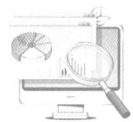

  부모가 현재의 자녀와 같은 연령대에 무엇을 갖고 싶었고 무엇을 하고 싶었는지 돌아보면서 우리의 자녀가 지금 무엇을 바라고 있는지 살펴보자.
  불과 몇십 년 전만 해도 컴퓨터가 없었다. 자녀가 있는 가정에는 닌텐도가 있었고, 그 이후에는 PS 플레이스테이션이 있었을 것이다. 추억을 남기기 위해 사진기를 갖고 있었는데 당시는 코닥 필름이 세계 시장을 점유했다.
  그런데 컴퓨터가 등장하고 어느덧 스마트폰이 생활화되면서 어른부터 아이까지 각자의 손에는 스마트폰이 쥐어졌으며, 미디어의 발달로 사람과 직접 만나지 않아도 어디서나 쉽게 소통할 수 있게 되었다.

놀이터나 운동장에서 친구를 만나 놀던 시절은 서서히 사라지고 집에서 혼자 스마트폰으로 게임이나 각종 오락을 즐기는 아이들이 늘었다. 사람과 만나지 않아도 혼자서 지루하지 않게 얼마든지 시간을 보낼 수 있게 된 것이다.

이렇다 보니 영원한 기쁨과 감사와 감동은 어느덧 사라지고, 순간의 쾌락을 좇아 마약을 하다가 중독에 빠지거나, 직장을 구하기 위해 노력하기보다는 복권, 주식, 각종 투기 등 한탕주의가 성행하는 시대가 되었다.

이런 시대에 자녀를 교육하는 부모는 자녀가 갖고 있는 적성과 능력을 고려하기보다는 급여가 좋고, 사회적 명성이 있는 직업을 갖도록 도와주는 것이 부모의 역할이라고 생각하기도 한다. 이를 위해 값비싼 비용을 지불하며 자녀를 위해 사교육에 매달리는 사례도 흔히 볼 수 있다.

자녀의 문화와 가치관을 고려하지 않고 일방적으로 부모가 시키는 대로 자녀가 살아가야 한다면, 자녀의 삶은 기계처럼 수동적이 되어 결국 힘든 상황에 놓였을 때 그것을 헤쳐 나갈 수 있는 자생력이 떨어지게 된다.

아이는 어머니 태중에서부터 배운다. 세상에 나와 성장하는 동안 듣고, 보고, 느끼며 지적 능력과 감성을 갖춘 인격체로 발전해 간다. 모든 사람은 선천적인 생물학적 요인에 의해 지능을 물려받지만, 자라는 환경도 지능에 영향을 미친다.

예를 들면 부모의 지능이 낮은 가정의 아이가 다른 가정에 입양되어 적절한 환경과 교육을 받았을 때 평균 이상의 지능을 보였다는 연구 결과가 있다(Dumye, Dumare, and Tomkiewics, 1999). 또한 일란성 쌍둥이라도 각각 다른 환경에서 자랐을 때 차이가 난다고 한다. 이는 환경이 지능에 긍정적인 영향을 미치고 있음을 보여주는 것이다.

부모는 자녀가 잘 성장하도록 돕기 위해 좋은 환경을 마련해 주려고 한다. 좋은 환경이란 성장기에 필요한 지(知), 정(情), 의(義)가 골고루 발달할 수 있도록 정서적 지지와 학업에 필요한 자극을 주어 지적 발달을 촉진시킬 수 있는 학습 환경을 조성해 주는 것이다.

자녀가 성장하여 학교에 입학하게 되었을 때, 자녀가 잘못하거나 부족한 것들을 지적하기보다는 좋은 습관을 만들어 주는 것이 바람직하다. 부모는 자녀와 함께 놀아주고 책을 읽고 나눔을 통해 사고하는 능력을 키워주고 독서 습관도 길러줘야 한다. 독서를 통해 자녀가 어떤 것을 좋아하고 어떤 것에 관심이 있는지를 파악하고 그 분야의 책들을 더 많이 접할 수 있도록 도와줘야 한다.

도서관이나 서점 등을 이용해 자녀가 읽고 싶어 하는 책들을 준비해 욕구를 충족시켜줘야 한다. 가능한 다양한 종류의 독서를 권장하되, 더 관심이 있는 분야는 시간이 지나면서 서서히 전문적인 내용을 담은 책을 준비해 읽을 수 있도록 독려

하는 것이 좋다.

독서뿐만 아니라 박물관이나 체험관 또는 동물원 등을 견학하며 직접 보고 체험할 수 있는 산교육을 제공할 수도 있다. 또한 건전한 놀이문화를 제공하여 상호 협력과 사회성을 키워 나가도록 도울 수도 있다.

궁극적으로는 자녀가 자기 주도적으로 원하는 것을 찾고 선택하여 실행할 수 있도록 동기 부여를 해야 한다. 자녀가 부모 의존적인 태도에서 독립하게 되면, 처음에는 다소 힘들어도 결국 보다 많은 성취감을 갖게 될 것이다. 그래서 더 의욕적으로 자신감을 갖고 자기 주도적으로 행할 수 있는 능력을 갖춰 나갈 수 있게 된다.

여기서 독수리가 새끼에게 나는 법을 훈련시키는 것을 살펴보자.

미국 콜로라도 협곡에 사는 독수리들은 가시가 많은 아이언우드라는 나뭇가지로 둥지를 만든다. 처음엔 새끼가 날카로운 가시에 찔리지 않게 둥지 안을 깃털과 풀로 겹겹이 싼다.

그러나 어느 정도 자라면 깃털과 풀을 헤쳐 버린다. 가시를 피해 가장자리로 올라가는 새끼를 어미는 둥지 밖으로 밀어 떨어지게 한다. 새끼 독수리는 깊은 바닥으로 추락하지 않으려고 날개를 퍼덕거리면서 자연스럽게 나는 것을 배운다.

사람이나 동물이나 익숙하고 안전한 곳에 안주하려고 하지만 영원히 평안한 곳은 없다. 낭떠러지를 선택해 자유를 얻을 수도 있고, 가시에 찔리며 고통스럽게 살아갈 수도 있다. 선택은 본인이 하는 것이다.

성경의 인물 요셉을 살펴보자.

그는 야곱의 11번째 아들로 태어났다. 야곱이 사랑하는 아내 라헬을 통해 노년에 얻은 아들이었는데 라헬은 막내 베냐민을 낳다가 일찍 죽었다. 야곱은 요셉에 대해 특별히 관심이 많았고 사랑했기에 어려서부터 귀족 자제나 입는 채색옷을 지어 입혔다. 이러한 야곱의 가별한 사랑 덕분에 요셉은 어려서 어머니를 잃은 슬픔이 있었지만, 내면이 삐뚤어지지 않고 마음이 올곧고 진실하게 자라게 되었다.

반면 레아의 자녀들은 자신들의 어머니에게 계속해서 상처를 주는 아버지에 대한 반항심을 갖게 되었고, 빌하와 실바의 자녀들은 반항도 하지 못한 채 열등감을 갖고 있었다. 이로 말미암아 다른 형제들 몰래 비행을 저지르곤 하였다.

야곱의 편애로 인해 요셉은 다른 형제들의 미움과 시기의 대상이었다. 어느 날 요셉이 꿈꾼 내용을 형들에게 말하였다.

"요셉이 그들에게 이르되 청컨대 나의 꾼 꿈을 들으시오 우리가 밭에서 곡식을 묶더니 내 단은 일어서고 당신들의 단은 내 단을 둘러서서 절하더이다"(창세기 37:6-7)

이런 요셉의 태도는 형들이 요셉을 더 미워하는 계기가 되었다. 급기야 형제들이 요셉을 죽이기로 음모를 꾸민다. 불행

중 다행으로 요셉은 죽음을 모면하지만 애굽의 종으로 팔려가는 신세가 된다. 그로 인해 요셉은 공포와 심한 배신감을 느끼게 된다. 이때부터 그에게는 마치 롤러코스터를 탄 것 같은 삶이 펼쳐진다.

보디발의 집으로 팔려간 요셉은 주인의 인정을 받아 그 집의 가정 총무를 맡는다. 여기서 다시 보디발 아내의 유혹을 받는다. 그럼에도 그는 하나님이 꿈으로 보여주신 사랑을 잊지 않고 있었기에 유혹을 뿌리칠 수 있었다. 하지만 보디발의 아내의 모함으로 억울한 누명을 쓰고 다시 옥에 갇힌다. 요셉은 왕의 죄수를 가두는 감옥으로 보내진다. 결국 그의 인생이 끝나는 것 같았지만, 그곳에서 다시 요셉에게 드라마 같은 반전이 일어난다.

요셉에게 여호와가 함께 계셨고, 간수장에게 은혜를 받게 하셨다. 그로 인해 요셉은 감옥의 제반 사무를 맡게 된다. 그때 왕의 술을 맡은 관원장과 떡을 굽는 관원장이 왕께 범죄 함으로 요셉이 갇힌 옥으로 왔다. 요셉은 시위 대장의 명에 의해 두 명의 관원장을 섬기게 된다.

어느 날 밤 두 사람은 서로 다른 꿈을 꾼 후 얼굴에 근심이 가득하였다. 요셉이 그 이유를 묻자 두 관원장은 각자 꿈을 꾸었는데 해석할 자가 없다고 말한다. 요셉은 해석은 하나님께 있으니 자신에게 꿈의 내용을 말해달라고 한다.

요셉이 술 맡은 관원장의 꿈을 해석해 준다.

"당신이 득의 하거든 나를 생각하고 내게 은혜를 베풀어서 내 사정을 바로에게 고하여 이 집에서 나를 건져내소서"(창세기 40:14)라고 말한다.

꿈의 해몽대로 술 맡은 관원장은 풀려났고, 떡 맡은 관원장은 매달려 처형을 받았다. 그러나 술 맡은 관원장은 요셉과의 약속을 기억하지 못했다.

2년이 지난 후 바로는 자신이 꾼 꿈을 해석하기 위해 술객과 박사를 불렀지만 해석하는 자가 없었다. 그때 옥에서 풀려난 술 맡은 관원장이 자신의 꿈을 해석해 줬던 요셉을 바로에게 소개한다.

요셉은 바로의 꿈을 해석할 수 있는 기회를 갖게 된다. 요셉은 바로에게 자신이 해석하는 것이 아니라 하나님이 질문에 대답해 주실 것이라고 한다. 다시 말해 모든 일을 하나님께 맡기고 마치 하나님께서 모세에게 주신 말씀처럼 요셉에게도 하나님이 함께 임하고 있음을 바로에게 알려준 것이다. 바로는 요셉이 진정 하나님의 사람임을 알게 되어 요셉을 총리의 자리에 앉도록 하는 기적이 일어난다. 이처럼 시험이 오더라도 하나님이 일하실 때, 자기 주도적인 삶을 성공적으로 이뤄나갈 수 있다.

아이 역시 메타인지가 발달되는 순간부터 자기 스스로 알아서 하겠다고 한다. 부모는 자녀가 스스로 할 수 있는 길을 열어주고 자녀를 위해 기도하며 자녀가 도움을 요청할 때는 기꺼이 다가가 필요를 채워주면 된다.

이 시기에 부모가 간섭하여 자녀의 의사와 상관없이 부모의 뜻대로 하려고 하면, 자녀는 수동적으로 변하고 심지어 의욕을 상실해 무기력해진다.

부모는 스스로의 인생을 통해 삶이 계획대로 이뤄지는 것이 아니라는 것을 잘 알고 있으며 자신이 이루지 못했던 삶에 대한 아쉬움도 있다. 그래서 자신이 이루지 못한 것을 자녀가 대신 채워주길 바라는 마음이 클 것이다. 그러나 자녀의 뜻을 무시한 채 부모의 욕심만을 채우려 한다면 오히려 자녀의 성장을 방해할 수도 있음을 알아야 한다.

이 세상을 창조하시고 이끌어 가시는 분은 하나님이시다. 하나님은 자신의 형상을 따라 사람을 만들었고 하나님의 목적에 따라 각 사람을 이 땅에 보내셨다.

마태복음 16장 16절에서 시몬 베드로가 고백한 것처럼 "주는 그리스도이시오 살아계신 하나님의 아들이시니이다"라는 것을 믿고 고백하면 하나님의 자녀가 되는 권세를 얻게 되는 것이다.

억울하고 버림받은 인생을 만져주시고 이끌어 주시는 하나님께서는 무명한 자 같지만 유명하게 해주시고 우리의 삶의 주인이 되어 우리를 지켜주실 것을 믿어야 한다. 내가 하나님의 자녀라는 것을 믿게 되면 자존감이 생겨 사소한 일에 낙심하지 않으며 험한 시험을 당할 때도 굴하지 않고 하나님의 도움을 구하게 된다.

하나님을 모르고 사는 인생은 하루에도 수도 없이 감정의 기복이 오르락내리락할 것이다. 친구와의 갈등으로 분을 삭이지 못하고, 부모의 꾸지람에 낙담하여 감정을 추스르기 힘들 때도 있고, 선생님의 질문에 답하지 못해 부끄러움과 수치심을 느낄 수도 있다.

하찮은 것에도 자존심이 상하여 사람들이 미워지고, 사는 것조차 귀찮아 인터넷 게임이나 음란물 등에 빠질 수도 있다. 이런 상황을 지켜보는 부모가 잔소리를 하고 야단을 쳐도 별 효과가 없다면 어떻게 해야 할까?

'사람은 태어나면 서울로 보내고 말은 태어나면 제주도로 보내야 한다'라는 말이 있다. 그런데 사람을 서울로 보내라는 말뜻에는 다른 사람들이 얼마나 열심히 살아가고 있는지 보면서 경쟁력을 가지라는 의미가 담겨있다.

경쟁력을 갖추려면 기초가 잘 준비되어 있어야 한다. 사람에게 가장 중요한 것은 자신의 정체성 즉 '하나님의 자녀'라는 것을 믿고, 그것을 알아 갈 때 어디에 가든지 자존감과 자신감이 생겨 잘 견디며 세상에 선한 영향력을 미치는 자로 살아갈 수 있는 것이다.

나는 하나님을 전혀 모르는 가정에서 태어났고, 하나님을 믿어 교회에 다니는 사람들도 이해하지 못했다. 특히 주일에 일손이 모자라 일할 사람이 필요한데, 성경을 들고 교회에 가는 사람을 이해할 수 없었다. 그래서 교회에 다니는 사람들에 대해 부정적인 시각을 갖고 있었다. 눈앞에 보이는 많은 일들이 있는데, 그것도 제대로 해내지 못하면서 교회에 간다는 것이 당시에는 사치라고 생각했다.

학창 시절 교회에 가는 친구들이 있었다.
그들은 대부분 조용했고, 마음씨가 아주 착했다. 그런데 좀 아쉬운 점은 그들에게는 욕심과 야망이 부족해 보였다. 나는 교회에 나가 예배를 드리는 것보다 당장 눈앞에 있는 것들을 해결하려고 노력하는 것이 더 현명하다고 생각했다. 길에서 전도지를 나눠주고 복음을 전하는 사람들을 오히려 측은하게 여겼다. 주님을 영접하고서야 하나님을 모르는 것 자체가 교만이고 무지라는 것을 깨달았다.

교회를 멀리하였던 나였지만, 믿음의 배우자를 만났고, 자녀들이 자라면서 교회를 다니게 되었고, 장로의 직분도 받게 되었다. 심지어 기독교 학교에서 근무하게 되어 인생에 새로운 변화가 일어났다. 사도 바울의 모습처럼 이전과 사뭇 다른 나의 모습을 볼 수 있다.

"그런즉 누구든지 그리스도 안에 있으면 새로운 피조물이라 이전 것은 지나갔으니 보라 새것이 되었도다"(고린도후서 5:17)

만일 하나님을 알지 못하고 이 세상 가운데 살았다면 산다는 것에 대해 진정한 의미를 알지 못했을 것이다. 지나고 보니 내 삶의 주인이 예수님이시니 그를 위해 살아야 한다는 거룩한 부담감을 느끼게 되었다.

왜 기독교 교육을 해야 하는지 그 이유를 알게 된 것이다. 즉 내가 누군지 알게 된 것이다. 하나님이 만드신 최초의 인간인 아담이 뱀에게 유혹을 받은 하와의 말을 듣고 하나님께서 주신 언약을 지키지 못해 선악과를 따먹어 사단의 지배를 받게 된 것이다. 하나님께서 아담에게 선악과를 따먹지 말라고 명하시면서 먹는 날에는 정녕 죽을 것이라고 말씀하셨다(창세기 2:17). 그런데도 아담은 죽지 않고 900여 년을 살았다.

정말 이상하게 느껴질 수도 있다. 그러나 사람은 영과 육으로 되어 있다. 영이 죽으면 그 사람은 죽은 것이다. 선악과를 따먹은 날 아담의 영혼은 죽은 것이다. 하나님과의 관계가 단절된 상태로 바로 죽은 것이다.

에스겔 18장 20절은 "범죄하는 그 영혼은 죽을지라"라고 말씀한다. 또한 "욕심이 잉태한즉 죄를 낳고 죄가 장성한즉 사망을 낳느니라"(야고보서 1:15)라고 한다. 즉 이생의 자랑과 육신의 정욕과 안목의 정욕으로 살아가는 자는 죄인으로 결국 죽은 것이다.

그러나 '하나님은 사랑이시다'라고 하였다. 예수님을 이 땅에 보내주셔서 죽은 자들을 살리기 위해 십자가에서 돌아가시게 한 것이다.

"한 사람의 순종치 아니함으로 많은 사람이 죄인 된 것 같이 한 사람의 순종하심으로 많은 사람이 의인이 되리라"(로마서 5:19)

이렇듯 자녀를 교육함에 있어 자녀를 말씀으로 양육하여 자신이 하나님의 자녀임을 깨닫게 하고 하나님이 누구이신지 알도록 해야 할 것이다.

"자녀이면 또한 후사 곧 하나님의 후사요 그리스도와 함께한 후사니 우리가 그와 함께 영광을 받기 위하여 고난도 함께 받아야 될 것이니라"(로마서 8:17)

"생각건대 현재의 고난은 장차 우리에게 나타날 영광과 족히 비교할 수 없도다"(로마서 8:18)

그리스도인으로서 우리가 감당해야 할 것이 무엇인지 어려서부터 가정에서 교육이 이루어져야 한다.

'매슬로우의 욕구 5단계 이론'이 있다.

단계별 욕구를 살펴보면 1단계 생리적 욕구, 2단계 안전의 욕구, 3단계 사회적 소속감의 욕구, 4단계 자기 존중의 욕구, 5단계 자아실현의 욕구가 있다.

이는 어떤 욕구가 다른 욕구보다 우선권을 가지고 있다는 것이다. 이런 인간의 욕구는 고정되어 있지 않고 상대적으로 나타나는 현상으로 하위 욕구가 충족되어야 상위 욕구에 대한 열망을 가지게 된다. 이러한 것들이 다 충족될 때 자아실현이 가능하다고 본다.

사람은 성장하면서 자아개념이 생겨나고 마지막 단계에서는 자신의 역량을 계발하여 사회적인 성장을 키워나가려 한다는 것으로 인간은 스스로를 발전시켜 목표를 완성하고자 하는 욕구가 생긴다는 것이다. 이로 인하여 경쟁이 생기고, 자신의 목표를 달성하면 그것을 성공이라고 한다는 것이다. 이러한 일련의 과정을 통해 경쟁심과 이기심이 키워져 상대를 배려하거나 공감할 수 있는 능력이 떨어져 문제가 발생하기도 한다.

그러나 죽어야 할 인생이지만 우리를 구원하시기 위해 몸소 십자가에 달리신 예수님의 사랑을 기억한다면 세상을 사는 동안 남을 위해 죽지는 못하더라도 이웃을 사랑하려고 노력하는 것은 당연한 일일 수도 있다.

자기사명선언서를 작성해 보자.

또는 인생의 목표를 정하여 그것을 실천하기 위한 중장기 계획을 세우는 것을 권장한다. 자기사명선언서는 개인의 가훈이나 좌우명을 구체화한 헌법이라고 말할 수 있다. 자신이 하는 말과 행동의 바탕이 되는 가치와 원칙으로써 인생을 어떻게 살 것인지 결의하는 것이다.

목표 없이 눈앞에 놓인 것만을 하려고 할 때는 자신이 이루어 놓은 것이 어느 정도인지 측정할 수 없다. 그러나 미래의 자아상을 만들어 보고, 이를 위해 어떻게 할 것인지 계획서를 작성하여 체크하고 점검하면, 그동안 진행된 것들을 돌아보기만 해도 뿌듯함을 느낄 것이다. 계획을 수립한 후에는 작심삼일(作心三日)로 끝내는 것이 아니라 실행하는 것이 무엇보다 중요하다.

계획을 세워 어떤 방법으로 하는 것이 효율적인 것인지를 위해 '항아리 이론'을 소개하려 한다. 우선 항아리, 모래, 자갈, 큰 돌과 물을 준비한다. 어떻게 해야 항아리를 가장 빨리, 많은 것으로 채울 수 있는지를 실험하는 것이다. 제일 먼저 큰 돌을 넣고 그다음에 작은 자갈, 모래 순으로 넣은 후 마지막에 물을 부으면 항아리가 가장 많이 채워진다는, 이른바 생산성 이론이다.

이러한 것을 바탕으로 자신의 인생을 설계할 때도 큰 계획을 세우고 그 계획을 달성하기 위해 연도별 계획과 분기별 계획 그리고 월간, 주간 계획을 세워 그것을 매일 목표대로 이행할 때 효과가 크게 나타난다. 이러한 계획을 세워 목표를 달성하기 위해 하나씩 이뤄나가다 보면 어느새 많은 부분이 이뤄지고 자신감이 생기게 된다.

자녀가 한 학기를 마치면 다시 피드백을 하여 각자의 SWOT를 분석해 보면 좋을 것이다. 이것은 기업의 경영전략 분석이다.

 S는 강점(strength)
 W는 약점(weakness)
 O는 기회(opportunity)

T는 위기(threat)

앞 글자를 따서 SWOT로 표기한 것이다.

강점은 살리고 약점은 보완하고 기회는 살리며 위기를 어떻게 극복해야 하는지 분석해 실행하면 보다 효율적인 학습이 될 것이다. 이러한 분석을 통해 자녀가 자기 주도적으로 학습하고 관리하여 자신의 능력을 주도적으로 키워나가도록 도울 수 있다.

자녀가 스스로 계획을 세워 하나씩 성취되는 것을 통해 보람도 느끼고 자신감도 가질 수 있지만, 그것을 지켜봐 주고 응원하는 사람이 있어야 더 분발하게 되고 힘을 얻게 된다. 이것은 마치 스포츠 경기를 할 때 홈에서 경기를 하면 선수가 갖고 있던 능력 이상으로 실력을 발휘하는 것과도 같은 이치다. 부모의 적극적인 지지와 격려가 자녀에게 왜 공부해야 하는지에 대한 의미와 보람을 찾게 해주는 것이다.

아무리 잘해도 주위에서 아무도 관심을 보이지 않으면 별 감흥도 없고 심지어 의욕도 떨어지게 된다. 부모가 자녀 곁에서 지지해 주고 응원해 줄 때 자녀는 더욱 멋있게 자랄 수 있는 것이다.

자기사명선언서 작성(예시)

나의 사명은 가정이 하나님 나라가 될 수 있도록 부모로서 역할을 잘하여 내 자녀가 하나님의 목적에 합당하게 쓰임 받을 수 있도록 '우리 아이의 부모'로서 맡은 사명을 잘 감당하도록 노력할 것이다.

❶ 미션 (Mission)

나의 보화와 같은 자녀를 저희 가정에 주심에 감사드립니다. 자녀가 미래에 대한 아름다운 꿈을 꿀 수 있도록 자녀와의 소통과 비전을 함께 공유하기.

❷ 비전 (Vision)

나의 가정이 하나님 나라를 볼 수 있는 창문이 될 것임.

❸ 가치 (Value)

1. 실천
    - 행하지 않는 믿음은 죽은 것이다.
    - 오늘 할 일을 내일로 미루지 말자.
2. 도전
    - 현재의 상태에 안주하지 말자.
    - 변화에 건전한 대안을 찾자.
3. 시간
    - 시간을 소중하게 활용하자.
    - 중요한 것들을 생각하여 우선순위를 정하자.
4. 사랑
    - 사랑은 마음속에서 우러날 수 있도록 하자.
    - 사랑을 말과 행동으로 표현하자.

5. 인격
- 감사와 긍정적 사고를 갖는다.
- 건강한 신체에 건강한 정신이 깃든다.
(A sound mind in a sound body).

[점검표]

가치	이행 목표	매일	주간	월간	평가
실천	매일 성경 5장씩 읽기				
	하루 일과 점검하기				
도전	자녀 칭찬하기				
	자녀와 독서하기				
시간	TV 시청 시간 줄이기				
	자녀와 함께 마음 나누기 (30분 이상)				
사랑	사랑의 마음 전하기				
	가족 간에 사랑의 표현하기				
인격	감사한 일들 적어보기				
	일만 보 걷기				

가정과 학교의
파트너십으로 역할을 하자

학교는 학생, 학부모, 교사뿐 아니라 지역사회와도 함께하는 교육공동체이다. 그러므로 가정은 학교와 파트너십을 구축하여 상호 신뢰하며 존경해야 한다. 이를 위해 학교와 서로 소통과 대화를 통해 이해하며 협력해 나가야 한다.

갈등은 모든 관계에서 존재하게 마련인데, 대화와 소통의 부재로 이해와 신뢰가 형성되지 못해 갈등이 생겨난다. 상호 신뢰가 바탕이 될 경우 궁금한 것이나 의혹이 있을 경우 학부모는 대표를 통해 학교 책임자나 관계자들과 만나 사실을 확인하고 이해할 수 있다. 혹은 학부모 상담주간을 통해 담임선생님과 자녀에 대한 궁금한 점을 나눌 수도 있다.

그래서 소통을 원활하게 할 수 있는 학부모회가 존재하는 것이고, 학교의 운영을 함께 논의하고 자문이나 심의할 수 있는 학교 운영위원회의도 있는 것이다.

학부모회를 통해 학교와 소통의 창구가 되고, 학부모 상호간에 자녀의 교육 및 학교생활에 대한 정보를 공유할 수도 있다. 학부모회 매뉴얼을 통해 학부모가 할 수 있는 역할이 무엇인지 서로 의견을 나누고, 학교 측과 교육 및 학교 행사 등에 대해 의견을 나눌 수 있는 좋은 장이 될 수 있다.

학부모회가 건강하게 잘 운영될 때 학교가 교육의 책무성을 갖고 학생들을 지도할 수 있고, 학교를 통해 지역사회의 관심을 이끌어 낼 수 있다.

이처럼 학부모 교육공동체가 본래의 목적을 살려 운영되면 학교의 발전과 교육의 혜택이 자녀들에게 돌아가게 된다. 반면에 본래의 목적이 변질된다면 차라리 없는 것보다도 못할 수 있다.

예를 들어 학부모들이 자신의 입장이나 자신의 자녀의 입장만을 대변하고, 정확한 정보가 아닌 학부모 개인의 추측이나 사견을 일반화시키려 할 때 그렇다.

물론 서로 만나서 자녀교육에 대해 의견을 나누다 보면 많은 정보를 얻을 수 있고, 자녀들의 학교생활에 대해 알 수도 있다. 그런데 대화가 모두에게 유익한 것만은 아니다.

특정 가정의 아이에 대한 말이 나올 수도 있고, 선생님들에 관한 평판도 나올 수 있으며, 학교에 대한 각자의 의견이 있게 마련이다. 이런 식의 대화가 긍정적이고 발전적인 것이 아닌 부정적으로 흐를 수가 있다.

가령, 한 학부모가 자신의 자녀가 학교에서 특정 아이로 인해 어려움이 있다고 말하면, 그에 대한 대안을 내놓기보다는 다른 부모들도 덩달아 같이 불만을 쏟아 낼 수 있다. 이렇게 되면 학부모가 느낀 것보다 훨씬 큰 문제로 불거져 불똥이 선생님과 학교로 옮겨지게 된다. "도대체 담임은 뭐 하는 거야" "학교가 왜 그래?" 등의 대화는 결국 학교를 불신하고, 교사를 존중하는 것이 아닌 비난의 대상으로 삼게 된다.

교사가 여러 명의 학생들을 지도하다 보면, 특정 학생을 칭찬할 때 다른 학생들은 소외감을 느낄 수 있고, 훈계를 듣게 될 때, 창피함을 느낄 수도 있다. 수업 중 은연중에 선생님이 던진 말이 학생에게 상처로 남을 수 있고, 자신의 생각과 다를 경우 선생님을 불신하거나 미워할 수도 있다. 이러한 감정을 가정으로 갖고 가서 부모에게 말하면, 학부모는 어떻게 반응하겠는가?

자녀가 속상해하더라도 학부모는 공감할 부분은 공감하면서 부모다운 모습으로 어떻게 반응해야 할지에 대해 고민해야 한다. 즉 자녀의 감정을 어루만지면서 학교에 대한 불신을 갖지 않도록 언어를 잘 디자인하며 반응하는 것이 매우 중요하다.

  자녀는 부모의 성향을 잘 알고 있기에 부모가 바라는 것을 고려하며 말한다. 칭찬을 잘하는 부모의 슬하에서 자란 아이는 긍정적인 단어와 문장을 사용해 부모와 이야기를 나눈다.
  예를 들어 "아픈 친구의 가방을 들어주었어요", "영어 수행평가를 잘했다고 선생님이 칭찬하셨어요", "담임선생님이 너무 좋아요", "오늘 선생님 생신이어서 사랑한다는 편지를 써드렸어요" 등의 말을 할 것이다.

  반면에 부모가 학교에 대해 비판적이거나 부정적인 언어를 사용하면, 자녀도 친구와 선생님들을 대하는 태도가 그렇게 변하게 된다. 친구가 좋은 일이 생겨서 자랑을 하면 "왜 그따위 자랑을 여기서 하냐"라며 빈정거릴 수 있다.
  학교에서 돌아와 학교생활을 물어보면 "그 선생님! 화를 너무 잘 내", "수업이 지루하고 재미없어", "친구와 말다툼했는데 나는 잘못이 없는데 선생님이 이유는 묻지 않고 야단을 쳤어"라며 선생님에 대한 부정적인 것을 부모에게 고발하는 식으로 말하게 된다.

  학부모가 되면 자녀의 입장에서 학교를 볼 수밖에 없다. 특히 교우관계와 학업적인 면 그리고 학교생활에 대해 관심을 갖고 바라보게 된다. 가정에서 학습이 잘 된 학생은 학교에서 학업에 빠르게 적응할 수밖에 없다. 안정된 부모와 많은 대화를 하고 독서 및 놀이 등을 하면서 자란 자녀들은 자신감이 있고, 수업 참여도와 집중력이 높고, 서로를 배려하는 법을 알게 된다.

　좋은 학습 환경은 가정에서 조금만 신경을 쓰면 가능하다. 가령 아이 방의 책상과 책장 등을 어떻게 배치하느냐에 따라서 집중력과 기억력을 향상시킬 수 있다. 학교에서 배운 것을 실제로 활용할 수 있도록 분위기를 만들어 준다면 그것이 산 교육이 되어 장기기억장치에 남아 오랫동안 기억될 것이다. 또한 자녀가 스스로 학습목표를 정하고 이행할 수 있도록 믿고 맡기는 것도 중요하다. 부모는 가끔씩 계획대로 잘 진행되고 있는지 점검해 주고 칭찬과 격려를 해주면 더욱 힘을 얻게 될 것이다.

　학업과 학교생활 그리고 친구 관계가 가정환경과도 밀접한 관계가 있다는 점에 유의해야 한다. 학교가 제대로 된 교육의 가치관을 갖고 운영되고 있느냐는 것은 학부모와 교사의 관계, 학부모와 학교의 관계와도 밀접한 관련이 있다.

　학부모회가 지침에 따라 민주적이며 대화와 소통의 장으로 인식되면, 학교를 이해하고 신뢰하여 교사들을 존중하는 분위기가 형성될 것이고 보다 좋은 학교로 변하게 될 것이다. 좋은 학부모가 좋은 학교를 만들고 다음 세대의 자녀들에게 꿈과 희망을 주는 것이다.

 학교에서는 학부모가 수업에 참관할 수 있도록 공개수업을 진행한다. 부모라면 누구나 자녀가 학교생활은 잘하고 있는지 수업은 어떻게 진행되는지 알고 싶을 것이다. 때문에 학교에서 공개수업을 안내하면 바쁘더라도 시간을 할애하여 기꺼이 참석하는 것이 좋다. 학교의 행사에 성의를 보이는 것이 학교에 대한 애정과 관심의 표현인 것이다.
 학교별로 학부모의 참여도가 차이가 많다. 자녀를 학교에 맡기면 학교에서 책임지고 지도해 줄 것이라고 믿기만 하고 학교의 모든 행사에 관심이 없는 학부모가 있다. 이러한 환경에서 자란 자녀들은 학교 행사가 있을 때 불안해하고 소외감을 느끼는 경향이 있다.

 공개 수업을 할 때면 학부모들이 참관하고 싶어 하는 교사의 수업이 있다. 학생들에게 인기 있는 교사들과 반대로 혹평을 받는 교사들의 수업이다.
 참관 수업 후 교사 평가를 하게 되는데, 교사에 대한 고마움을 나타내기보다는 잘못된 부분들을 지적하는 학부모가 많다. 그런데 학부모 교육이 잘 된 학교는 선생님들께 감사의 표현과 긍정적인 피드백을 많이 한다.
 교사들이 더욱 학생들에게 애착을 갖고 수업을 의욕적으로 잘할 수 있게 만드는 것은 학부모들이 어떤 모습으로 교사와 학교를 바라보고 대하느냐에 달려 있다.

　수업 참관을 하면서 학교가 준비한 내용, 학생들의 반응 그리고 교사의 수업 진행 및 태도 등을 면밀히 살피면서 좋은 점들을 찾으려 하면 매우 유익한 시간이 될 것이다.
　반면에 부정적인 생각을 갖고 수업을 참관하면 선생님의 복장, 수업 진행 태도, 말투 그리고 학생들의 반응 등이 못마땅하게 보일 수 있다.
　지혜로운 학부모라면 수업 참관을 어떤 자세로 임해야 하는지 알 수 있을 것이다. 평가지에 좋았던 점을 기록하며 수고와 감사의 멘트를 해준다면 선생님들에게 힘이 되고 보람을 느끼는 계기가 될 수 있다.

　사람을 변화시키는 것은 비난과 책망, 질책이 아니라 사랑으로 인정해 주고 칭찬하며 실수나 잘못을 포용해 줄 때 가능한 것이다.
　학부모와 학교가 서로를 인정하고 우호적인 관계에서 학부모가 학교에 바라는 점을 요청한다면 학교는 이것을 기꺼이 수용할 것이다. 좋은 부모 슬하에서 좋은 자녀가 나오는 것처럼 좋은 학부모가 있는 곳에 좋은 학교가 만들어지는 것이다.

　2019년 안산동산고등학교는 자사고 재지정 평가가 있었다. 결과는 재지정 탈락이었다. 자사고 재지정 평가가 평가를 위한 것이 아니라 자사고 지정 취소를 위한 평가이기에 교육청에 부당함을 전달하였지만 받아들여지지 않은 채 평가되었다.

평가의 부당함으로 인해 교육청과 세종종합청사에서 학부모 집회가 여러 차례 있었다. 학교를 지키기 위해 학부모들이 모두 나섰다. 바쁜 와중에도 학교를 사랑하는 마음으로 자사고 유지를 위해 함께 힘을 모으는 학부모들의 모습을 학생들은 눈으로 보았다.

학교를 지키기 위해 앞장서서 진두지휘한 학부모회 회장님을 비롯한 학부모들과 졸업생 그리고 학교법인 모두가 한목소리를 내어 학교를 지켜냈다. 학부모의 학교 사랑이 자녀들에게 학교에 대한 자긍심을 심어주기에 충분했던 것이다. 이 소란은 결국 법정으로 가게 되었고, 자사고 평가가 위법한 것으로 밝혀져서 다시 자사고로서의 지위를 유지하게 되었다.

"한 사람이면 패하겠거니와 두 사람이면 능히 당하나니 삼겹 줄은 쉽게 끊어지지 아니하느니라"(전도서 4:12)

이 말씀처럼 교육공동체가 동일한 목표를 갖고 나아갈 때, 건강한 학교가 세워질 수 있는 것이다. 학부모는 학교를 신뢰하게 되었고, 학교 공동체가 하나 되어 학교를 지켜냄으로써 더욱 학교에 대한 자부심을 느끼게 되었다. 학부모와 학교가 서로 연합할 때 학교가 설립 목적에 부응하는 학교가 될 수 있고, 교육의 책무성을 갖고 집단 지성을 발휘할 수 있게 되는 것이다.

좋은 학부모가 되기 위한 조건

　좋은 학부모가 있는 가정은 자녀도 바르게 자라게 된다. 좋은 학부모가 되고 싶은 사람은 많지만 어떻게 해야 좋은 학부모가 되는지 생각한 사람은 많지 않을 것이다. 그러므로 좋은 학부모가 되기 위해서는 어떤 노력이 뒤따라야 하는지 살펴볼 필요가 있다.

　교사의 변혁적 리더십이 학생 자기효능감에 미치는 영향에 대해 리더십 박사 논문을 썼다. 설문에는 선생님들의 연령과 성별 그리고 교과를 구분하여 조사대상에 포함시켰다.

　교사 리더십의 하부 요인은 카리스마, 영감적 동기화, 개별배려, 지적 자극으로 구분하여 응답하도록 하였다. 학생들은 기독교적 신앙, 다른 종교, 무교를 대상으로 구분하여 조사하였다. 하위 요인의 세부 요소를 바탕으로 연구한 결과 기독교 학생들에게서 자기효능감이 높게 나타났다.

이러한 연구 결과를 자녀를 둔 학부모에게 적용해 볼 때 다음과 같은 것들을 지닌 학부모는 좋은 학부모라고 말할 수 있다.

- 아가페적 사랑을 유지한다.
- 공감과 경청을 잘한다.
- 남과 비교하지 않는다.
- 공부를 강요하지 않는다.
- 비난하지 않는다.
- 칭찬받을 만할 때 반드시 칭찬한다.
- 담임선생님과 좋은 관계를 맺는다.
- 자녀를 위해 기도한다.
- 함께 배운다.
- 잠재력을 찾아준다.
- 믿음의 눈으로 자녀를 본다.
- 삶으로 가르친다.
- 긍정의 말을 한다.
- 감정을 공감한다.
- 개인의 의사를 존중해 준다.

결국 사람은 어떤 환경에서 누구를 만나느냐가 중요하다. 사람이 태어나서 가장 먼저 만나는 곳이 바로 가정이다. 부모의 가르침이 무엇보다 중요하다. 부모의 교육에 대한 가치관이 자녀의 인성을 좌우하기 때문이다.

학교에서 학생들의 면면을 살펴보면, 학업 능력의 차이는 극복할 수 있지만 인성은 쉽사리 변하지 않는다. 왜냐하면 어려서부터 자신이 자란 환경의 영향을 받아 그것이 몸에 배어 있기 때문이다.

부모는 자녀가 마음에 들지 않았을 때 흔히 "너는 왜 그 모양이니?", "너는 누굴 닮았기에 그러니"라고 말한다. 아이의 모습은 바로 가정환경의 영향을 받기 때문에 아이를 탓하기 전에 가정환경을 돌아보는 것이 옳은 일이다.

졸업생 중에 성적은 썩 좋은 편이 아니었지만, 다른 학생들의 본이 될 정도로 학교생활을 잘해 학생들과 교사들 모두에게 칭찬받았던 형제가 있었다.

우리 학교는 졸업식에서 '자랑스러운 동산인'을 선발한다. 이 상을 받는 학생은 성적과 인성, 영성을 모두 갖춘 학생이 대부분인데, 어떤 해에는 대학에 진학하지 못한 학생이 선정되기도 한다. 그해는 그 학생이 동산인 상을 수상했는데 모든 학생들의 열렬한 박수갈채가 있었다. 그 후에 학생의 동생 역시 자랑스러운 동산인으로 선정되었다.

이 두 학생은 온전한 섬김의 리더십을 몸소 보여주어 다른 학생들과 교사들에게 감동을 주었다.

형제의 부모님을 만나 아이들의 교육에 대해서 여쭤보았다. 부모님은 "목회자 가정에서 부모님의 섬김을 보면서 자란 것이 자녀의 성장에 자연스럽게 영향을 미친 것 같다"라며 "특별히 교육하지는 않았다"라고 말했다. 단지 자녀들에게 하고 싶은 것을 마음껏 하도록 지원했을 뿐이라고 했다.

또 다른 경우는 형제가 모두 학생회 회장을 했다. 큰 자녀는 어려서 심장병을 앓았던 학생으로 심한 운동을 할 수 없고 이상 증세가 있을 때는 급히 입원을 해야 했다.

학생의 부모는 교회에서 섬김의 본을 보이시며 자녀를 기도로 양육하고 있었다. 형제는 교회에서도 학생회 회장을 하였고 고등학교에서도 학생회 회장으로 선출되었다. 두 자녀 모두 친구들과 잘 어울리며 섬김의 본을 보였다.

이 두 가정의 자녀들은 모두 믿음의 부모들의 모습을 보며 교육을 받았다. 부모님들은 만날 때마다 "학교 선생님들의 덕분"이라며 겸손한 모습으로 감사를 표하곤 하셨다. 좋은 학부모가 되는 것이 부모의 열정과 헌신으로만 되는 것은 아니다.

"그러므로 내가 너희에게 이르노니 목숨을 위하여 무엇을 먹을까 무엇을 마실까 몸을 위하여 무엇을 입을까 염려하지 말라 목숨이 음식보다

중하지 아니하며 몸이 의복보다 중하지 아니하냐 공중의 새를 보라 심지도 않고 거두지도 않고 창고에 모아들이지도 아니하되 너희 천부께서 기르시나니 너희는 이것들보다 귀하지 아니하냐"(마태복음 6:25-26)

농부가 씨앗을 뿌리고 거름을 주고 가꿀 수 있지만, 나머지는 하나님께서 기르시고 자라게 하신다. 정원의 나무 또한 사람의 손길이 가는 대로 모양이 변할 수는 있지만 자라게 하는 것은 전적으로 하나님의 손에 달려있음을 본다.

그렇다. 학부모가 자녀에게 정성을 다해 도와주는 것은 한계가 있지만 나머지는 전적으로 하나님께 맡겨야 한다는 것을 잊지 말아야 한다.

결국 좋은 학부모가 된다는 것은 자녀를 하나님께 전적으로 맡기고 자녀가 원하는 것을 들어주고 화평하고 아름다운 가정의 본을 보여주는 것이다. 이것이 진정으로 살아있는 교육이다.

예수님도 이 땅에 오신 목적을 섬김을 위해 오셨다고 한 것처럼 부모님들도 자녀를 어떻게 섬길 것인가 고민해야 한다.

"인자의 온 것은 섬김을 받으려 함이 아니라 도리어 섬기려 하고 자기 목숨을 많은 사람의 대속물로 주려 함이니라"(마가복음 10:45)

한국 사람이 젓가락을 사용하는 것은 어려서부터 훈련이 된 것으로 자연스럽지만, 처음 젓가락을 사용하는 사람에게는 낯설고 힘든 것이다. 몽골인은 어린 시절부터 말을 가까이하였기에 말 타는 것이 자연스럽다. 스위스에서는 남녀노소 가릴 것 없이 스키를 즐긴다. 이처럼 환경이 사람에게 미치는 영향이 얼마나 큰지 생각해 봐야 한다.

맹모삼천지교(孟母三遷之敎)라는 말이 있다.
이는 맹자의 어머니 급(伋) 씨가 자녀교육을 위해 세 곳을 이사했다는 말에서 유래한 것이다. 이는 전한 때 학자 유향(劉向)이 지은 열녀전(列女傳)에 등장한다.
맹자는 어릴 때 아버지를 여의고 어머니의 손에 자랐다. 이들이 처음 살던 곳은 공동묘지 근처였다. 맹자가 그곳에서 배운 것은 곡소리를 내거나 장사를 지내는 놀이를 하는 것 밖에 없었다. 이것을 보고 맹자의 어머니는 안 되겠다 싶어 이사를 가게 되었는데, 그곳은 시장 언저리에 있는 동네였다. 맹자가 사고파는 장사꾼 흉내를 내며 놀자, 이번에도 안 되겠다 싶어 글방 근처로 이사를 갔다. 그곳에서 맹자는 읽고 쓰며 예법에 대한 공부를 하게 되었다는 것이다.
이는 요즘 자식들에게 극단적인 교육열을 보이는 극성 부모들이 주로 인용하고 있다. 한편으로는 흉악범들의 열악한 성장 배경을 보며 사람은 환경이 중요하다는 것을 보여주는 예시이기도 하다.

부모는 권위가 있어야 한다.
권위는 엄격한 훈육과 체벌에 의해 이뤄지는 것이 아니다.

그것은 권위가 아니라 권력을 행사하는 것이다.

 엄격한 훈육과 체벌 방식은 쉽고 편하지만, 존중은 어렵고 힘들다. 아이의 양육은 행동의 교정이 아니라 아이의 자립이라고 한다. 다시 말해 아이가 행동을 개선하는 데만 초점을 맞추는 것이 아니라 아이가 옳고 그름을 스스로 판단할 수 있는 능력에 초점을 맞춰야 한다는 뜻이다.

 이때 부모의 지시는 단호하고 일관되어야 하며, 아이의 감정을 존중하고 공감해 줘야 한다. 부모가 먼저 본을 보일 때 권위가 세워진다.

 좋은 부모는 에덴동산 같은 행복한 가정을 만든다.

 창세기 2장 8절은 "여호와 하나님이 동방의 에덴에 동산을 창설하시고 그 지으신 사람을 거기 두시니라"라고 하였다. 하나님이 사람을 창조하시고 낙원에 거하도록 하신 것처럼 하나님은 자녀들이 그러한 환경에서 자라나길 원하신다.

 좋은 학부모는 자녀를 존중하고 인정한다.

 그러나 조급한 학부모는 자녀의 꿈과 목표를 자신의 잣대로 정하고, 자녀의 의사를 무시하고, 자녀를 학부모가 정한 길로 이끌어 가려고 한다. 자녀보다 인생 경험이 많고 세상 물정에도 밝고 자신들이 더 많은 것을 알고 있다는 이유에서 그렇게 한다. 이것은 진정한 양육이 아니라 학부모의 욕심이다. 자녀를 통해서 자신이 이루지 못한 꿈을 이루려고 하는 허황된 욕심이다.

예수님께서 강조하신 계명이 무엇인지 살펴보면 하나님 사랑과 이웃사랑이다. 즉 이웃이라는 것은 자신을 제외한 다른 사람 즉 가족 모두가 포함되는 것이다. 그 말속에는 자신을 사랑하는 자만이 이웃을 사랑할 수 있다는 뜻이 내포되어 있다.

"예수께서 가라사대 네 마음을 다하고 목숨을 다하고 뜻을 다하여 주 너의 하나님을 사랑하라 하셨으니, 이것이 크고 첫째 되는 계명이요 둘째는 그와 같으니 네 이웃을 네 몸과 같이 사랑하라 하셨으니"

(마태복음 22:37-39)

자녀는 스스로 자기 일을 선택하고 행동할 권리가 있다. 또 자신이 선택한 결정에 실패할 권리도 있다. 자녀의 이런 소중한 권리를 부모라는 이유로 무시하면 안 된다. 실패를 통해서 배울 수 있는 소중한 경험을 막아서도 안 된다. 결국 예수님을 모델로 삼아 말씀대로 살아가며 양육하는 부모가 될 때 좋은 학부모라고 할 수 있다.

좋은 부모가 되기 위해서 어떻게 해야 할까?

❶ 자녀의 변명을 충분히 듣는다. 아이가 잘못된 행동을 하게 된 원인을 알아야 한다.

변명을 들어야 하는 또 다른 이유는 아이의 억울함을 막을 수 있다는 것이다.

❷ 자녀의 입장을 충분히 헤아려 주고 하나님의 교훈과 훈계로 양육해야 한다.

어림짐작으로 판단하는 것은 위험하다. 자녀의 언행이 문제가 있어 보여도 상황을 정확히 알아본 후 말씀에 근거하여 지도해야 한다.

❸ 자녀에게 좋은 영향력을 물려준다.

'콩 심은 데 콩 나고, 팥 심은 데 팥 난다'라는 속담처럼 좋은 나무가 좋은 열매를 맺는다. 하나님도 열매를 보면 나무를 안다고 하셨다.

자녀는 부모의 거울이다. 자녀는 부모의 뒷모습을 보고 자란다. 자녀는 부모의 외형적인 모습뿐만 아니라 행동, 습관, 말투도 닮는다. 심지어 부모의 가치관, 도덕성, 인품도 닮는다.

❹ 자신의 부족함을 알아가려고 노력한다.

좋은 부모는 악순환의 고리를 끊고 선순환의 고리를 만든다.

세상에 나쁜 아이는 없다. 다만 나쁜 가정과 나쁜 부모가 있을 뿐이다.

❺ 자신이 자녀를 바르게 양육하고 있는지, 자신의 행동과 언행이 아이들에게 어떻게 비치고 있는지 늘 스스로에게 묻고 개선한다.

부모가 주관적으로 자녀를 평가하기보다는 자녀가 느낀 점을 들어주는 부모가 좋은 부모이다.

자녀교육의 목적을 알아야 한다

　처음 부모가 되었을 때는 자녀교육에 대해 이야기할 때 건강하기만 하면 된다고 말한다. 하지만 막상 학교에 보내고 나면 자녀의 성적에 민감해져서 어떻게 교육해야 할지 모르겠다고 말한다.

　부모는 자녀교육에 대해 기준이 있어야 한다. 교육자인 내게 기준에 대해 질문한다면 "최고의 스승인 예수님을 본받아 교육하는 것이 가장 이상적일 것"이라고 답할 것이다. 자녀교육의 기준은 자녀를 전인적인 존재로 균형 잡힌 인간을 육성하는 것이다. 이렇게 교육하는 것을 전인교육이라고 한다.

　전인교육이란 쉽게 말해 전인적인 교육에 필요한 요소들을 결합하여 자녀를 균형 있고 조화롭게 성장하도록 돕는 것을 말한다.

전인교육이란, 지덕체(智德體)를 고르게 성장시켜 넓은 교양과 건전한 인격을 갖춘 인간을 육성하려는 교육이다. 즉 지식교육과 신체적 발달뿐만 아니라 학생의 정서, 성격, 행동, 가치관, 흥미, 대인관계 등의 능력을 향상시키는데 초점을 두는 것을 전인교육이라고 한다.

전인교육에 대해 교육학자들은 여러 가지 주장을 하지만 보통 교과서에서는 지정의 혹은 지덕체 등을 균형 있고 조화롭게 발달할 수 있는 전인적 인격을 양성하는 것이라고 실려 있다.

지정의란, 인간의 심적 요소인 지성(知性), 감정(感情), 의지(意志)를 지정의로 표현하며 이것을 전인격(全人格)이라고 정의한다.

성경은 지성, 감정, 의지적인 영역에 영적 영역을 추가하여 전인격적이라고 한다. 인간은 인간의 힘으로 할 수 없는 것이 너무 많다. 때문에 인간이 계획하고 이행하는데 성령의 능력이 곁들여질 때 비로소 겸손함을 배울 수 있다. 왜냐하면 사람의 생각으로는 알 수도 헤아릴 수도 없는 것을 행하시는 분은 하나님이시기 때문이다.

사람은 하나님을 볼 수도 없고 이해할 수도 없다. 그래서 하나님은 예수님을 이 땅에 보내신 것이다. 성육신한 예수님을 통해 하나님을 알게 하시고, 바로 예수님이 하나님이심을 삶으로 보여주신 것이다. 예수님을 알게 되면 우리가 바라보는 세상도 달리 보이게 된다. 그것이 바로 성경적 세계관이다.

예수님을 알지 못한 세상은 인본주의적 세계관으로 인간이 중심이 되어 눈에 보이는 현실 세계만을 인정한다. 다시 말해 하나님이 중심이 되는 신본주의에서 하나님의 자리를 인간이 차지하는 것이다.

이들은 진화론을 믿으며 진화를 바탕으로 인간이 만들어진 것이고 이로 인해 이성이 발달하기 시작하였다고 한다. 또한 이성을 지닌 인간은 선하게 태어났으며 스스로 완전하게 될 수 있다고 믿는다. 그저 인간을 둘러싼 사회와 그 제도가 문제이며 이것이 인간에게 악영향을 미친다고 한다.

세상을 바라볼 때, 하나님의 말씀 즉 성경의 원리에 입각하여 세상에 존재하는 모든 것을 바라보는 성경적 세계관이 필요하다.

"모든 성경은 하나님의 감동으로 된 것으로 교훈과 책망과 바르게 함과 의로 교육하기에 유익하니"(디모데후서 3:16)

전인 교육을 한다는 것은 지적 발달에 치중한 지식 중심의 교육을 한다거나, 직업을 위한 기술 습득을 위한 것, 특정 분야에 전문가가 되기 위한 교육을 받는 것이 아니다. 균형 잡힌 인간으로 교육을 한다는 것이니 이 얼마나 좋은가? 그런데 하나님의 말씀을 떠나서는 결코 온전한 사람이 될 수 없다.

우리는 전인 교육을 표방하지만, 부모와 같은 어른들 스스로 전인적 인간으로 성장했는가?를 자문해야 한다. 자신을 돌아보기는 쉽지 않으니 자신보다는 공인(公人)의 예를 들어보자. 그들 역시 얼마나 허술하고 빈틈이 많은지 알 수 있다. 우리는 정치인이나 연예인 혹은 유명 스타들과 관련된 기사들을 많이 접한다. 문란한 사생활과 각종 비리 등으로 사람들의 입에 오르내리는 이들을 쉽게 볼 수 있다. 바로 이 모습이 바로 나 자신이라는 것을 알아야 한다.

"너는 네 눈 속에 있는 들보를 보지 못하면서 어찌하여 형제에게 말하기를 형제여 나로 네 눈 속에 있는 티를 빼게 하라 할 수 있느냐 외식하는 자여 먼저 네 눈 속에서 들보를 빼어라 그 후에야 네가 밝히 보고 형제의 눈 속에 있는 티를 빼리라"(누가복음 6:42)

우리 속담에 '똥 묻은 개가 겨 묻은 개 나무란다'라는 표현이 있다.

인간은 모두 부족한 부분이 너무 많은데, 자신의 허물은 보지 못하고 다른 사람의 허물은 쉽게 눈에 들어온다. 바로 학부모나 교사가 자녀나 학생을 대할 때 자신은 안 그런 척하면서 상대에게 완전해지길 강요하고 있으니 이 얼마나 이율배반적인 태도인가 싶다.

부모는 자녀가 잘 성장해 주길 바라는 조급한 마음에 이런 것 저런 것을 챙겨주고 간섭하면서 맘에 안 들면 소리 지르고 강압적으로 지시한다.

 실제로 자녀를 자존감이 떨어지고 인성이 부족한 아이로 만드는 것은 친구나 교사가 아닌 부모이다. 아이가 자기 주도적으로, 자발적으로 공부하는 것이 아니면 부모의 노력이 헛된 것이 되고, 자녀의 공부는 사상누각(沙上樓閣)이 될 수 있다.

 그렇다면 부모가 어떻게 해야 자녀의 자존감을 키워주고 인성이 좋은 아이로 성장시키는지 살펴보자.

 일단 부모는 자녀의 문제를 하나님의 시선이 아닌 인간의 시선으로 바라보기 때문에 흡족하지 않은 경우가 많다. 자녀를 하나님의 시선으로 바라봐야 한다. 즉 하나님이 이 땅에 하나님의 목적을 위해 한 지체로서 한 사람 한 사람을 보내주셨다는 것을 기억해야 한다. 사람은 모두 서로 다른 인격체로 보내주셨다는 것을 기억해 자녀가 공부를 잘하든지 못하든지, 건강하든지 약하든지, 심성이 좋든지 그렇지 않든지 귀하고 소중하게 여겨야 한다.

 어려서부터 부모의 사랑을 받은 자녀가 다른 사람을 사랑하고, 배려를 받은 자녀가 다른 사람을 배려할 수 있다. 부모의 자존감이 아이의 자존감을 키우는 것이다.

 아이에게 공부를 시키기 전에 자신이 누구인가를 인식하게 해줘야 한다. 이 몫은 전적으로 부모에게 달려 있다.

"사람이 마음으로 믿어 의에 이르고 입으로 시인하여 구원에 이르느니라 성경에 이르되 누구든지 저를 믿는 자는 부끄러움을 당하지 아니하리라 하니"(로마서 10:10-11)

자녀는 자신이 하나님의 자녀임을 깨닫고 성경 말씀을 이해하게 될 때 자기의 정체성, 즉 하나님의 자녀로서 어떻게 살아야 하는지를 발견하게 된다. 그로 인해 공부가 필요한 사람은 더욱 공부를 할 것이고, 운동신경이 특별히 발달한 사람은 운동을 더 열심히 할 것이고, 다른 분야에 재능이 있는 사람은 받은 은사대로 쓰임 받을 수 있도록 노력할 것이다.

에베소서 6장 4절은 "아비들아 너희 자녀를 노엽게 하지 말고 오직 주의 교양과 훈계로 양육하라"라고 말씀한다.

골로새서 3장 21절은 "아비들아 너희 자녀를 격노케 말찌니 낙심할까 함이라"라고 말씀한다.

자녀는 하나님이 가정에 맡겨주신 선물이다. 내 자녀라고 함부로 대하여 자녀가 낙심하고 자포자기하는 일이 없도록 해야 한다. 또한 에베소서 6장 7절과 골로새서 3장 23절에는 "마음으로 섬기기를 주께 하듯 하고 사람들에게 하듯 하지 말라"라고 한다. 자녀를 대하는 것을 주님께 하듯 겸손과 온유함으로 대해야 할 것이다.

자녀가 스스로 할 수 있도록 놓아 주고, 가능한 간섭하지 않아야 한다. 부모는 자녀의 모든 것을 보살피고 챙겨주려 한다.

옷을 입고 신발을 신고 벗는 것, 숙제를 하는 것과 공부를 하는 것에 이르기까지 처음부터 끝까지 도와주려 한다.

이것이 자녀를 위한 것이라고 하겠지만 사실은 자신을 위한 것일 수도 있다. 이렇게 도와주는 것이 자녀에게는 고마울 수도 있지만, 결국에는 자녀를 수동적으로 만들고 의타적인 아이로 자라게 한다는 것을 알아야 한다.

이 부분에 대해서는 나 역시 자유롭지 못하다.

부모는 자녀를 챙겨주는 것이 사랑을 전하는 것이라고 착각하는 경우가 많다. 나 역시 그랬다. 그래서 자녀가 다 컸음에도 차로 태워다 주고 늦은 시간까지 귀가를 하지 않으면 올 때까지 기다리곤 했다. 그런데 어느 겨울 날씨가 매우 추워 딸이 공부하는 곳으로 태우러 가겠다고 연락을 했다. 딸은 혼자 알아서 귀가하겠다고 했다. 딸은 집으로 돌아와서 자녀를 그런 식으로 키우면 안 된다며 그것이 자녀를 잘 되게 하는 것이 아니라 나약하게 만들고 망치는 길이라고 말했다. 그 순간 나는 뭔가로 얻어맞은 기분이었다.

하지만 스스로 할 일을 찾아가며 자란 자녀는 독립심이 강하고, 모든 것들을 계획하고 개척해가는 모습을 보인다.

자녀를 교육하기 전에 자녀가 부모를 통해 배우고 있음을 인지해야 한다. 그리고 부모는 자녀가 힘과 용기를 얻을 수 있도록 든든한 버팀목이 되어주어야 한다. 이러한 과정을 통해 자녀가 하나님이 원하시는 길을 찾아 자신에게 내재된 잠재력을 발견하여 하나님 나라에 쓰임 받을 수 있도록 성장하는 것이다.

그리스도인 부모라면 세상 사람들이 추구하는 세계관과는 달리 자녀가 예수님을 닮은 영적 리더로서의 삶을 살아가도록 도와야 한다. 즉 자녀가 세상의 빛과 소금으로 역할을 다하여 세상을 밝히는 선한 도구로써 전인적 인격체로 성장하도록 돕는 것이 자녀교육의 주된 목적이 되어야 한다.

학부모의 자녀교육에 대한 분석

　학부모가 다른 학부모를 볼 때 느끼는 감정이 사뭇 다를 것이다.

　어떤 학부모는 자녀교육을 어쩜 저렇게 세심하고 자상하게 교육을 할 수 있을까 감탄하며 본받고 싶은 경우가 있을 것이다. 반면 어떤 학부모를 보면서 지나친 간섭과 압박 속에서 아이가 어떻게 견뎌낼 수 있을까 걱정스러운 마음이 생기기도 한다.

　학부모의 마음은 학부모가 가장 잘 알 것이다. 자신은 스스로의 모습을 볼 수 없지만, 다른 학부모를 보면서 옳고 그름을 판단할 수 있을 것이다.

　자녀교육에 대한 별도의 설문을 통해 학부모들의 응답과 자녀들의 응답을 분석하였다.

① **아가페적 사랑을 유지한다.**

　학부모는 하나님이 인간을 사랑하듯이 자녀에게 그렇게 하려고 한다고 응답하였다. 부모가 자녀를 헌신적으로 사랑하는 것은 서로가 공감하는 부분이다. 자녀 역시 대부분 그렇게 느끼고 있다.

② **공감과 경청을 잘한다.**

　대부분의 학부모는 자녀의 말에 공감하며 잘 들어준다고 답한다. 하지만 초등학교 학생 중 25% 정도가 부모가 공감보다는 설득하려고 하고 자녀가 하는 말을 경청하기보다는 무시한다는 반응을 보였다.

　사랑의 반대말은 무관심이라고 한다. 자녀가 말하는 것을 잘 경청하는 것이 자녀를 존중하고 사랑하는 것이다.

③ **남과 비교하지 않는다.**

　부모가 자신의 자녀를 다른 가정의 자녀와 비교하지 말아야 한다는 점에서는 동의를 한다. 하지만 자신도 모르게 다른 아이에 대해 말하게 된다고 한다. 부모는 자신의 자녀가 칭찬받는 아이를 본받길 바라는 마음에서 말을 하는데 자녀가 부모의 본심을 몰라줘서 속상할 때가 있다고 한다. 그러나 비교는 어떤 이유든지 피해야 한다. 다만 성경의 말씀에 비춰 올바른 지침을 가르쳐 주는 것은 지향하는 바이다. 초등학생 학부모 중 과반수가 여전히 자신의 자녀를 다른 가정의 자녀와 비교하고 있음을 보였다.

④ 공부를 강요하지 않는다.

공부는 왜 해야 하는지 생각해 봐야 한다. 그러기 위해서는 공부와 학습을 비교해 봐야 한다.

학습은 직간접적 경험이나 훈련에 의해 지속적으로 자각하고, 인지하며, 변화시키는 행동의 변화를 말한다. 이처럼 학습은 외부적인 교육이나 현상에 대해 영향을 받는데 비해 공부는 자발적인 면이 강하다.

공부는 아이들이 가능한 많은 것을 체험할 수 있는 기회를 제공하여 그것을 바탕으로 궁금했던 점들을 스스로 찾아 알아보도록 이끌어 주는 것이 필요하다. 하지만 초등학생의 응답자 중 40% 가량이 공부를 강요받고 있다고 했다.

'말을 물가로 데려갈 수는 있어도 물을 억지로 먹일 수는 없다(You can lead a horse to water but you can't make him drink)'라는 말처럼 공부는 억지로 이뤄지는 것이 아니다. 자녀가 공부를 원하고 필요함을 느낄 때 할 수 있는 여건을 마련해 주고, 방향을 제시하는 것이 중요하다.

⑤ 비난하지 않는다.

실수나 고의로 일을 그르치거나 결점이 드러나게 될 때 남을 탓하는 것에 익숙해 있지 않나 돌아봐야 한다. 사람은 결코 완전할 수 없기에 허물과 과오가 늘 보인다.

부모는 자신이 실수를 하면 속상해 하면서도 스스로를 위로한다. 하지만 자녀가 실수나 잘못을 저지르면 그것을 지적하며 "내가 뭐라고 했니? 그럴 줄 알았어!"라고 비난을 한다.

자녀의 미안해하고 속상해하는 마음을 헤아려 주지 못할 때가 있다. 이런 상황에서 아이의 입장에서 어루만져 주고 이해하며 위로해 주는 것이 자녀의 성장에 도움이 된다. 하지만 진리를 거스르거나 비난 받아 마땅한 행동을 했을 때는 비난 받아야 한다. 예수님은 외식하는 서기관과 바리새인들을 꾸짖으셨다. 그리고 성전에서 장사하는 무리를 내쫓으셨다.

"화있을진저 외식하는 서기관들과 바리새인들이여 너희는 천국 문을 사람들 앞에서 닫고 너희도 들어가지 않고 들어가려 하는 자도 들어가지 못하게 하는도다"(마태복음 23:13)

⑥ 칭찬받을 만할 때 반드시 칭찬한다.

칭찬이 필요하다는 것은 너무도 잘 알고 있다. 그렇다고 칭찬을 남발하면 식상해지고 칭찬의 효과는 없어질 것이다. 칭찬은 남발보다는 꼭 해야 할 때를 놓치지 않고 하는 것이 중요하다. 칭찬 받을 만할 때 칭찬하고 잘못을 지적해야 할 때 지적해 깨닫게 하는 것이 중요하다.

⑦ 선생님과 좋은 관계를 맺는다.

가정에서 부모와 좋은 관계를 맺는 자녀는 학교에서 친구와 선생님과 관계를 잘한다. 사실 사람에게 가장 중요한 것은 관계이다. 아무리 다른 것들을 잘 감당하더라도 관계가 부족하면 갖고 있는 재능을 제대로 발휘할 수 없다.

학부모가 자녀를 바라보는 것과 학교에서 자녀가 생활하는 것이 항상 일치할 수는 없다. 가정에서 말을 잘 듣고 착한 아이가 학교에서도 대부분 잘 지낼 수 있지만 그렇지 않은 경우도 있다. 학교에서 선생님 특히 담임선생님이 자녀를 가장 잘 관찰하고 이해할 것이다.

담임선생님은 가정으로 따지면 부모와 같다. 그러므로 부모는 담임선생님과 좋은 관계를 갖는 것이 중요하다. 가정에서 부족하거나 어려운 점을 담임선생님께 알려주면 그것을 참고하여 학생을 효과적으로 지도할 수 있기 때문이다.

부모와 선생님의 관계가 원만하지 않을 경우 피해는 고스란히 자녀의 몫이라는 것을 염두에 둬야 한다.

⑧ **자녀를 위해 기도한다.**

자녀를 진정으로 사랑한다면 도움을 줘야 한다. 그런데 돕는 것에는 한계가 있게 마련이다. 부모도 자신의 일을 감당하기 힘든데 자녀를 어떻게 도와야 하는지 생각해야 한다.

이럴 때는 자녀가 여기까지 올 수 있었던 것을 되짚어보면 답을 찾을 수 있을 것이다. 답을 찾지 못할 때는 오직 부모가 자녀를 위해 할 수 있는 것은 기도뿐이라는 고백이 나올 수밖에 없다.

　자녀가 어렸을 때는 부모의 손길이 절대적이지만 커가면서 부모가 할 수 있는 것은 생각보다 많지 않다. 그렇지만 자녀를 지켜주시고 보호해 주시며 지혜와 권능을 주시는 주님을 향한 기도는 멈춰서는 안 된다. 기도는 영혼의 호흡이기 때문이다.

　예수님께서 주기도문을 통해 하나님을 아버지라 부르도록 가르쳐 주셨으며 기도하는 방법을 일러주신다. 빌립보서 4장 6절은 "아무 것도 염려하지 말고 오직 모든 일에 기도와 간구로. 너희 구할 것을 감사함으로 하나님께 아뢰라"라고 하신다. 성경은 성령의 도우심을 얻기 위해 기도하라고 한다.

⑨ 함께 배운다.

　사람에게 가장 영향력을 끼치는 것은 몸소 보여주는 것이라고 한다. 자녀에게 공부하라고 강요하기 보다는 부모가 무언가를 배우는 모습을 보여 준다면 자녀에게 큰 도전이 될 것이다.

　내가 박사학위 공부를 할 때 아이들이 자랑스러워했다. 그리고 한 아이는 나와 같이 박사과정을 공부했으며, 다른 아이는 더 많은 것을 배우기 위해 노력했다. 함께하면 부담이 덜어진다는 말처럼 가족이 함께할 때 시너지 효과가 생겨나는 법이다.

초등학생 학부모는 자녀와 함께 공부하며 학업을 도와주지만, 중·고등학생의 학부모라면 자녀 뒷바라지하는 것도 벅차기에 배우는 것이 쉽지 않을 것이다. 그럼에도 시대의 흐름을 읽고 독서를 통해 사고의 폭을 넓혀나갈 때 자녀와의 소통이 원활하게 될 것이다.

⑩ 잠재력을 찾아준다.

자녀에게 무엇을 주고 싶은지 생각해 보자. 아마도 자녀가 잘하고 좋아하는 것을 맘껏 할 수 있도록 길을 열어주는 것이 아닐까 싶다. 자녀가 갖고 있는 가장 소중한 자산은 다름 아닌 숨겨진 보화이다. 바로 그 보화는 너무 소중하기 때문에 눈에 띄지 않게 잘 간직하여 마음 한곳에 숨겨 놓았을 것이다. 그 보화가 바로 잠재력이다. 자녀가 그 보화를 찾을 수 있도록 도와줄 때 '유레카'라는 함성이 터져 나올 것이다.

믿지 않는 자들에게 가장 소중한 보화는 예수님을 만나는 것이다. 예수님을 만난 사울은 사도 바울로 거듭나서 평생 복음을 전하며 13권의 바울 서신과 8권의 공동 서신서를 남겼다. 일곱 귀신이 들린 막달라 마리아는 향유 옥합을 깨뜨려 예수님의 발을 닦아드렸다.

⑪ 믿음의 눈으로 자녀를 본다.

현재의 자녀를 바라보며 미래를 생각하면 어떻게 될 것인지 막연할 수밖에 없다. 부모뿐만 아니라 자녀 역시 미래에 대한 막연함으로 확신보다는 불안과 근심이 클 것이다.

히브리서 11장 1절은 "믿음은 바라는 것들의 실상이요 보지 못하는 것들의 증거니"라고 말씀한다. 믿음으로 우리 자녀를 바라볼 때 자녀는 믿음으로 자라게 된다. 믿음을 고백할 때 말의 능력이 얼마나 힘이 있는지 알게 될 것이다. 의심, 걱정, 염려는 믿음의 기도를 방해한다. 그러므로 확고한 믿음을 갖고 자녀를 위해 기도하고 믿음의 눈으로 자녀를 바라보고 축복하는 부모가 되어야 한다.

⑫ **삶으로 가르친다.**

부모는 자식의 거울이라고 한다. 부모의 모습이 바로 자녀교육인 것이다. 이러한 것들을 인식하면 할수록 부모가 자녀 앞에서 어떤 모습으로 살아야 하는지 생각하지 않을 수 없다. '콩 심은데 콩 나고 팥 심은데 팥 난다'고 하듯이 부모의 삶이 자녀의 삶에 씨앗으로 자라나는 것이다. 삶으로 가르치는 것은 자녀에게 산교육이 된다.

알면서 실천하지 않는 것은 모르는 것만 못하다고 한다. 부모가 자녀에게 어떤 모습으로 보일지 고민해야 한다. 자녀를 보면 그 부모의 외모는 물론이고 생활습관까지 닮는 것을 볼 수 있다.

'호랑이는 죽어서 가죽을 남기고 사람은 죽어서 이름을 남긴다'는 속담이 있다. 그런데 우리가 진정 남겨야 할 것은 세상의 것이 아닌 믿음의 유산을 남기는 것이다. 믿는 자들은 세상과 구별된 거룩한 삶을 살아야 한다. 그러기 위해서는 항상 말씀과 기도에 힘써야 하며, 주님과 동행하는 삶이 되어야 한다. 그리스도의 임재 가운데 있어야만 진정한 삶의 승리자가 되는 것이다.

⑬ **긍정의 말을 한다.**

심리학자 바바라 프레드릭슨(Barbara Fredrickson)의 통찰력 있는 연구에 의하면 긍정적인 말과 부정적인 말의 비율이 3:1이면 부모와 자식이 끈끈한 관계라고 예측할 수 있고, 이 비율이 5:1인 경우에는 매우 돈독한 관계일 가능성이 높다고 한다. 부정적인 말을 통해서는 자녀와 온전한 관계 형성이 쉽지 않다는 뜻이다.

자녀와의 관계는 어떻게 말하느냐에 따라 좌우된다는 것을 깊이 생각해 보자. 우리는 우리가 사용하는 언어가 삶에 얼마나 큰 영향을 미치는지 주변 사람들의 대화를 통해서도 느낄 수 있다.

고인이 된 현대 정주영 회장의 어록을 보면 「긍정적 사고가 행복이다」, 「모든 일은 가능하다고 생각하는 사람만이 해낼 수 있다」, 「무슨 일이든 확신 90%와 10%의 자신감으로 밀고 나가는 거다」라고 한다.

이러한 정신이 지금의 현대를 이룬 것이다.

마가복음 9장 23절은 "예수께서 이르시되 할 수 있거든이 무슨 말이냐 믿는 자에게는 능치 못할 일이 없느니라 하시니"라고 하신다. 의심하지 말고 긍정적인 자세로 임할 때 우리의 자녀는 하나님의 목적대로 인도하심을 받아 잘 될 것이다.

⑭ 감정을 공감한다.

성경에 나온 욥기를 살펴보자.

욥은 자식도 잃고 재산도 잃고 몸이 만신창이가 되었다. 욥의 친구들이 욥을 찾아와서 하는 대화는 감정을 헤아려 주지 못한다. 옳고 그름을 논할 때가 아닌 마음을 헤아려 줘야하는 상태에서 욥에게 "왜 이런 일이 일어났는지 알아보라. 원인 없는 것은 절대로 없다"라는 식으로 욥에게 회개할 것을 촉구한다.

진정한 관계는 상대의 감정을 잘 파악하고 헤아려 줄 때 형성되는 것이다. 자녀가 기쁠 때 함께 기뻐하고, 힘들어할 때 위로하고, 아파할 때 함께 아파하며 공감하는 것이 멋진 부모의 모습이다. 초등학생 자녀에게는 부모가 자녀의 감정에 쉽게 공감을 하지만, 중·고등학교에 진학할수록 자녀의 감정에 공감하는 비율이 떨어진다. 때문에 자녀와 공감대를 형성하기 위해서는 자녀가 어렸을 때부터 함께하는 시간을 가지며 공감대 형성을 하는 것이 중요하다.

⑮ **개인의 의사를 존중해 준다.**

 부모와 자녀의 관계는 서로 존중과 사랑이 있어야 한다. 부모는 자녀를 있는 그대로 사랑하고, 자녀는 부모에게 감사하며 존중하는 마음을 가져야 한다. 물론 의견이 달라 서로 부딪칠 때는 관계가 깨지기 쉽다. 부모가 생각하는 범주가 있기 때문에 자녀가 그 범주를 벗어날 때 부모가 동의하지 못하는 경우가 다반사이다. 그런데 부모는 자녀의 세계도 알아야 하고 그들의 정서도 읽어야 한다.

 자녀가 자라면서 자신의 행동과 생각을 부모와 나눈다면 건강한 가정이다. 그렇지 않다면 뭔가 문제가 생긴 것이다. 가정에서 부모는 권위가 있어야 하지만 권위가 권력의 수단이 되어서는 안 된다. 진리의 문제가 아니면 자녀의 의견과 생각이 비록 부모와 달라도 존중해 주어야 한다. 그래야만 자녀와의 관계가 더욱 돈독해질 수 있다.

자녀교육에 대한 학생·학부모 설문지

순번	내용	아니다	그렇다	매우 그렇다
1	무조건적 사랑을 한다.			
2	공감과 경청을 잘한다.			
3	남과 비교하지 않는다.			
4	공부를 강요하지 않는다.			
5	비난하지 않는다.			
6	칭찬받을 만할 때 반드시 칭찬한다.			
7	선생님과 좋은 관계를 맺는다.			
8	자녀를 위해 기도한다.			
9	함께 배운다.			
10	잠재력을 찾아준다.			
11	믿음의 눈으로 자녀를 본다.			
12	삶으로 가르친다.			
13	긍정의 말을 한다			
14	감정을 공감한다.			
15	개인의 의사를 존중해 준다.			

에필로그

"자녀가 하나님 나라를 세워갈 수 있는 영적 리더로 성장하길 바라며…"

글을 쓰는 내내, 시작부터 끝까지 「좋은 학부모가 되기 위해서는 무엇이 필요한가?」라는 질문을 머릿속에 담고 그 본질에서 벗어나지 않도록 기도하며 글을 썼다.

그동안 교사로서, 학교 관리자로서 학부모들과 만나며 자녀교육에 대한 수많은 의견을 나누었다. 그리고 학부모들의 의견들을 떠올리며, 교사의 시선에서 바라본 학부모들의 모습을 그려보았다.

「좋은 학부모, 나쁜 학부모가 어디 있겠는가?」 하는 자문도 했다. 그러면서 찾은 결론은, 좋은 학부모는 좌나 우로 치우치지 않고 진리의 말씀을 바탕으로 자녀를 교육하는 것이었다.

학부모 입장에서는 항상 최선을 다했다고 말할 것이다. 하지만 그 최선이 올바른 교육이었다고 확신하지는 못할 것이다. 학부모가 자녀에게 도움을 줄 수 있고 영향을 줄 수 있지만 그것에는 한계가 있다.

좋은 학부모가 되기 위해 할 수 있는 것이 무엇인지를 찾기 위해 자녀교육에 필요한 리스트를 작성했다. 글을 쓰면서는 적합한 사례와 예화를 찾았고 특히 성경의 사건들을 통해 얻을 수 있는 교훈들을 찾아보았다.

글을 완성한 후에는 각각의 유형별로 다시 배치하였고, 제목도 자녀를 위한 좋은 학부모라는 본질에 맞춰 여러 번 수정했다. 전체적인 키워드는 '자녀교육', '학부모', '성경 말씀'으로 이것들을 하나로 묶어 제목을 찾으려 노력했다.

결국 자녀교육의 문제를 해결한다는 의미로 자녀교육 솔루션(Solution)과 이의 주체가 학부모인데 하나님과 함께하는 학부모가 좋은 학부모라는 생각에서 『자녀교육 솔루션! 예수님과 함께하는 좋은 학부모』로 제목을 정하였다.

이 책을 출간할 수 있도록 용기를 준 가족과 글로벌리더스기독학교 학생, 학부모, 교사들의 협조 그리고 안산동산고등학교 학부모회와 기독교 대안학교 연맹의 후원에 감사드린다.

또한 이 책에 대한 추천의 글을 써주신 미드웨스트 오세열 교수님, 안산동산교회 김인중 원로목사님, (전)안산동산고등학교 유화웅 교장선생님, 서울교육대학교 김진석 교수님, 기독교 대안학교연맹 이혁재 이사장님께 감사를 드린다.

이 책을 통해 자라나는 다음 세대가 하나님의 목적에 맞게 자신의 달란트를 찾아 하나님의 나라를 세워갈 수 있는 영적 리더로 성장하길 기도한다.

- **"주님, 영광받으소서" / 조규철**

이 책을 읽고 드리고 싶은 기도

망망한 바다 한가운데서 배 한 척이 침몰하게 되었습니다.
모두들 구명보트에 옮겨 탔지만 한 사람이 보이지 않았습니다.
절박한 표정으로 안절부절 못하던 성난 무리 앞에 급히 달려 나온 그 선원이
꼭 쥐고 있던 손바닥을 펴 보이며 말했습니다.
"모두들 나침반을 잊고 나왔기에… "
분명, 나침반이 없었다면 그들은 끝없이 바다 위를 표류할 수 밖에 없을 것입니다.

우리는 삶의 바다를 항해하는 모든 이들을 위하여
그 나침반의 역할을 하고 싶습니다.
우리를 구원하신 위대한 주 예수 그리스도를 널리 전하고 싶습니다.

"하나님은 모든 사람이 구원을 받으며
진리를 아는 데에 이르기를 원하시느니라"
(디모데전서 2장 4절)

자녀교육 솔루션
예수님과 함께하는 좋은 학부모

지은이 | 조규철
발행인 | 김용호
발행처 | 나침반출판사

제1판 발행 | 2024년 8월 1일

등 록 | 1980년 3월 18일 / 제 2-32호
본 사 | 07547 서울특별시 강서구 양천로 583
         블루나인 비즈니스센터 B동 1607호
전 화 | 본사 (02) 2279-6321 / 영업부 (031) 932-3205
팩 스 | 본사 (02) 2275-6003 / 영업부 (031) 932-3207
홈 피 | www.nabook.net
이 멜 | nabook365@hanmail.net
일러스트 제공 | 게티이미지뱅크

ISBN 978-89-318-1664-8
책번호 바-2008

값은 뒤표지에 있습니다.